우리는
1학년 선생님

일러두기

· 1학년 학생을 지칭할 때 '학생'으로 일괄 표기하지 않고, 교사의 학생에 대한 친근함 또는 애정을 표현한 글의 맛을 살리기 위해 상황에 따라 같은 의미인 어린이, 어린아이, 아이 등의 명칭을 혼용하였다.

· 학생에 대한 보호의 책임이 있는 사람을 부모, 학부모, 양육자, 보호자 등으로 상황에 따라 혼용 표기하였다.

· 외국 인명이나 외래어는 필요한 경우 영어 표기를 병행하였다.

· 단행본 책 제목은 홑화살괄호(<>), 시리즈물은 겹낫표(『』), 진단 도구나 프로그램 등은 홑낫표(「」)를 써서 묶었다.

초등교사
온보딩
시리즈

우리는
1학년 선생님

서툴지만 진지한 학습자의
특별한 안내자

차례

프롤로그 1학년과 만나는 우리들의 마음가짐   08

제1장 1학년의 발달 특성을 이해하기

긴장이 돼요   15
'나' 중심이에요   16
지금, 여기가 중요해요   17
손, 발, 입 계속 움직이고 싶어요   18
저절로 이렇게 되는 걸요   19
손으로 다 만져보고 싶어요   21
마음처럼 잘되지 않아요   22
수준 차가 커요   23
상상력과 그림적 사고   24

제2장 1학년 어린이들이 '잘' 공부하는 방법

마음속에 그림 그리기 … 31
몸을 움직이며 공부하기 … 32
교사를 따라서 모방하며 공부하기 … 35
아름답게 공부하기 … 38
꾸준히 반복하기 … 39
시와 노래로 공부하기 … 41
주변의 자연에서 공부하기 … 42
옛이야기로 공부하기 … 44

제3장 1학년 눈높이에 맞는 효과적인 수업 계획

1학년의 특성을 고려한 수업 설계하기 … 53
1학년 특성에 맞는 수업 자료 만들기 … 64
수업 중 집중을 돕는 효과적인 방법 … 69

제4장 1학년 제1의 사명, 한글 해득

요즘 1학년의 한글 해득 현황	79
한글 지도 방법의 양대 산맥	80
교실에서의 한글 교육	86
한글 교육과 기초 문해력 지도를 위한 책 소개	88
글을 읽는다는 것	93

제5장 슬기로운 학교 생활 지도

하루에 한 가지씩, 3월 내내	99
같은 말 열 번 대신 한 번의 비유로	101
10분 앉아 있기 연습	102
정리와 집중의 상관관계	103
줄서기와 기다리기	105
올바른 발표 습관 기르기	106
인사로 시작하고 끝 마치기	107
5분의 매직: 이야기 나누기로 그날 감정 해소하기	109
갈등의 해결자보다 중재자	111

제6장 1학년이어서 느린 걸까, 느린 학습자인 걸까

손뜨개, 율동, 종이접기로 느린 학습자 발견하기	119
느린 학습자에겐 끊임없는 칭찬을	121
'천천히 놀이'를 통해 느린 학습자와 함께하기	122

제7장 "학교 가기 싫어요" 등교 거부 이유와 지도 방법

등교 거부의 진짜 이유	127
엄마랑 떨어지기 싫어요, 분리 불안	128
친구들이 나랑 안 놀아줘요, 교우 관계	133
아무것도 하기 싫어요, 무기력	136
학생의 등교 거부를 다루는 어른들의 마음가짐	139

제8장 학부모도 1학년, 학부모 소통

부담스러워도 꼭 필요한 학부모 소통	145
일상적인 안내에요: 전체 안내하기	147
특별한 일이 있어요: 개별 연락이 필요할 때	151
학생 성장을 돕기 위한 대화: 학부모 상담	155
곤란한 소통: 감정적인 상태의 학부모와의 소통	166

에필로그 여섯 선생님의 에필로그   170

프롤로그

1학년과 만나는
우리들의 마음가짐

1학년은 귀엽다. 고학년을 가르치다가 1학년을 맡으면 더 그렇다. 조막만 한 손으로 어설프게 색연필을 잡고 선을 긋는 것도 귀엽고, 혀 짧은 소리로 "떤땡님" 하는 것도 귀엽고, 내 허리 언저리에서 나를 올려다보는 초롱초롱 눈망울도 귀엽다. 부모님들이 정성껏 손질해 준 머리도 귀엽고, 자다가 일어나서 바로 왔는지 붕 뜨고 헝클어진 머리조차 귀엽다. 그렇다. 1학년은 뭘 해도 귀엽고, 안 해도 귀엽다.

그렇지만 귀여운 만큼 손도 많이 간다. 1학년이 등교를 시작하면 교사는 교실을 비울 수 없다. 미리 물도 마시고, 화장실도 다녀온다. 3월의 교실에선 누구에게도 눈을 뗄 수 없다. 하나부터 열까지 "선생님!"을 부르는 학생들에게 주의를 기울여야 한다. 학교라는 새로운 환경에서 긴장감을 풀기 위해 큰 소리를 내거나 과격한 몸짓을 하는 친구, 위축되고 경직되어 아무 말도 하지 않는 친구들도 있다. 학생들은 새로운 환경에 적응하기 위해 본능적으로 행동하기 쉽고 교사도 사람인지라 계속 에너지를 쓰다 보면 지치기 십상이다. 게다가 특별한 학생과 실랑이라도 할 때면 한숨이 절로 나온다. 몸도 많이 썼지만, 마음을 많이 소진했기 때문이다.

'에너지가 바닥나고 있다! 평상심을 잃고 감정적으로 대응할 가능성이 높아졌어! 조심해!'

교사는 자기 마음의 신호를 잘 알아채야 한다. 교사의 에너지가 바닥나기 시작하면 평정심을 잃고 학생들을 감정적으로 대할 가능성이 높아진다. 그렇게 되면 교사는 쉽게 화를 내게 되고, 이어 후회와 좌절, 자책에 빠지게 된다. 교사 스스로 에너지가 바닥나고 있다는 것을 알아채면 다행이지만 알아채지 못하면 학생들은 교사의 감정을 고스란히 전달받는다. 학생들과 실랑이하는 일노 잦아진다. 이것이 반복되면 '내가 1학년도 아닌데 왜 애랑 싸우고 있지? 교사로서 자질이 없나?'

라는 생각이 들면서 교사로서 효능감, 자존감이 낮아지게 된다. 그런데 문제는 1학년 학생들은 하나의 감정에 오래 머물지 않고 감정의 전환이 빠르다는 것이다. 아이들은 하나의 감정에 오래 머물러 있지 않는다. 교사가 고민에 빠져 있는 동안 정작 실랑이를 벌였던 학생들은 이미 잘 놀고 있다.

그렇기 때문에 큰 동요 없이 1학년을 잘 지도하기 위해서는 1학년 지도에 적합한 마음가짐이 필요하다. 필요한 마음가짐 첫 번째는 관찰자의 시선으로 학생을 바라보는 것이다. '음, 1학년들은 이렇구나' 또는 '이 학생은 이렇군' 하고 관찰자의 시선으로 학생을 수용하면 감정보다 머리를 쓰게 된다. 즉, 학생들의 행동에 상처를 받지 않으면서 '앞으로 어떻게 하면 이 학생이 나아질까?'에 대해 이성적으로 생각하게 된다. 교사의 마음에 상처가 남지 않아야 객관적인 입장을 견지하며 학생 지도와 학부모 상담을 할 수 있다. 이렇게 관찰자의 시선으로 학생들을 바라보는 것은 문제에 개입하기 전 교사의 마음 공간을 넓혀주는 역할을 한다. 마음에 공간이 생겨야 적절하게 판단하고 해결할 수 있다.

두 번째는 인정하는 마음을 가지는 것이다. 1학년 담임이 되면 먼저 인지해야 할 것이 있다. 학교라는 곳에 처음으로 발을 들여놓은 1학년 '꼬마'들이 '학생'으로 적응하기 위해 매일매일 애를 쓰고 있다는 점이다. 유치원 또는 어린이집 버스를 타고 다니는 대신 자기 발로 걸어서 학교에 오가야 한다. 맨발로 생활하던 교실, 작은 책상과 의자, 작은 식판, 손가락이 들어가던 유아 젓가락 대신 실내화를 신고 들어와야 하는 커다란 학교 건물, 무겁고 큰 책상과 의자, 큰 식판과 어른 젓가락에 적응해야 한다. 유치원이나 집과는 다르게 생긴 낯선 화장실에도 적응해야 한다. 커다란 운동장, 그림책 가득한 도서관, 질주하기 좋은 복도로 뛰어나가고 싶은 마음을 억누르고 40분 동안 제자리에 앉아 수업에 참여해야 한다. 이러한 변화에 아이들은 저마다 적응하는 중이다. 적응을 빨리하는 아이들도, 적응을 느리게 하는 아이들도 각자의 속도에 맞게 노력 중이라는 것을 인정하면, 천방지축처럼 보이던 1학년 어린이들에게 연민의 마음이 생긴다. 연민은 공감의 시작이다. 어린이의 입장에 공감한다면 1학년 학생들과 함께할 마음의 준비가 된 것이다.

  자, 그럼 이제 1학년 어린이의 발달 특성을 살펴보며 구체적으로 1학년을 알아보자.

1학년 담임 교사는 아이들이 살고 있는
상상의 세계를 오래 전에 떠나왔다.

제1장

1학년의 발달 특성을 이해하기

1학년의 발달 특성을 이해하기

긴장이 돼요

3월이면 학생이나 교사나 낯선 사람들을 만난다는 것에 긴장을 한다. 1학년에게 초등학교 입학은 차원이 바뀌는 일, 새로운 차원의 세상을 만나는 일이다. 교사 눈에는 잘 보이지 않지만 1학년 학생들은 무척 긴장하며 학교에 온다. 긴장했을 때 사람마다 하는 행동은 모두 다르다. 몸이 경직되고 목소리가 작아지거나 말수가 없어지는 학생이 있고, 오히려 자신의 행동을 조절하지 못하거나 큰 목소리로 말을 많이 쏟아내는 학생도 있다. 교사의 시선을 끄는 학생들은 대부분 후자이고, 이들을 수업에 참여시키기 위해 많은 에너지를 쏟은 담임 교사는 지쳐버리기도 한다. (하지만 대부분의 학생은 긴장한 채로 선생님의 이야기에 귀를 기울이고 가르쳐 주는 것을 따라 하려고 노력한다.) 1학년 학생들이 긴장한 채로 학교에 온다는 사실을 교사가 인지한다면 학생들을 좀 더 여유로운 마음으로 바라볼 수 있을 것이다.

'나' 중심이에요

1학년 수업은 활기차다. 교사의 발문에 거의 모든 학생이 손을 들기 때문에 '이 많은 학생 중에 누구를 시킬 것인가?'라는, 고학년 담임 교사는 절대 하지 않을 고민을 한다. 또 수업 중에도 하고 싶은 이야기가 있으면 바로 "선생니임~"하며 말을 시작한다. 그 이야기를 들은 다른 학생들도 "선생님, 저는요~", "나는 말이야~", "나도 그랬는데!" 하며 말을 시작한다. 순식간에 아무도 듣지 않지만 모두가 말을 하고 있는 '외침 속의 외침'을 한다. 수업 시간뿐이랴? 쉬는 시간에도 교사에게 와서 "선생님 내가 어제요~ 그랬다요~"하며 서로 이야기를 하려고 모여들기 때문에 교사 주변에는 항상 학생들이 그득하다. 말을 하던 중 다른 친구가 끼어들면 싸움이 일어나기도 해서 교사가 말하는 순서를 정해주기도 해야 한다.

꾸밈없이 자기표현 하는 것은 잘하지만 교사나 다른 친구의 이야기를 주의 깊게 듣는 것은 아직 어렵다. 특히, 타인의 이야기를 다 듣고 적절한 반응을 한 뒤에 자신의 이야기를 하는 것은 많은 훈련이 필요하다. 이런 모습은 아이들이 버릇이 없거나 배려심이 없어서 그런 것이 아니다. 1학년은 아직 주위를 고려하며 말할 준비가 안 되어 있기 때문이다. 이기적인 것이 아니라 주위를 살피고 배려할 만큼 성장하지 못한 것이다.

1학년 특성이 이러하므로 '애들은 왜 이리 남의 말을 안 듣나…'하고 푸념해 봤자 교사만 힘들다. 하고 싶은 이야기를 참고 손들고 기다리기, 친구 이야기를 들어주기, 그 다음 내 생각을 말로 표현하기 등을 하나씩 차근차근 가르치고 꾸준히 연습할 기회를 주자.

지금, 여기가 중요해요

어린이들은 '지금, 여기', 즉 현재를 충실히 산다. 과거에 연연해하거나 알 수 없는 미래를 그려보는 일은 거의 하지 않는다. 지금 즐겁고 여기가 편안하면 학생들은 만족한다. 그래서 1학년은 친구들과 갈등이 생겨 교사가 중재해야 할 때 상담이 무척 어렵다. 정말로 기억이 나지 않고, 기억이 왜곡되어 말이 맞지 않기도 하며 지금 선생님께 혼나는 것을 피하고자 거짓말을 하기도 한다. 그렇지만 좋은 점이 있다면 방금 전에 있었던 갈등을 금방 잊고 또 논다는 것이다.

손, 발, 입 계속 움직이고 싶어요

학교에 입학한 1학년 아이들은 기고, 걷고, 뛰고, 구르는 동작들이 가능해진다. 그뿐 아니라 자신의 마음을 자유롭게 말할 수 있는데, 부사어까지 곧잘 사용하는 모습을 볼 수 있다. 그러나 행동을 스스로 조절하기는 어렵다. 말하고 싶은 것을 참고 기다리기 어려워한다. 유아기의 목적 없는 움직임도 남아있다. 그래서 움직이고 싶어 한다. 운동장을 힘껏 한 바퀴 달리고 나면 가슴이 후련하다고 하며 만족스러워하는 모습을 볼 수 있다. 이것을 억누르고 참으면 발이나 다리를 흔들고 무언가를 손에 들고 만진다. 그러다가 교실을 돌아다닌다.

루돌프 슈타이너 Rudolf Steiner 는 1학년 아이들의 움직임에 대해 이렇게 표현한다. "마치 다리에 바퀴가 달린 것처럼 이곳저곳으로 순식간에 이동한다." 1학년 아이들을 보면 정말 슈타이너의 말을 실감할 수 있다. 뭔가 새로운 물건을 보았을 때, 교실에 작은 벌레 한 마리가 나타났을 때 아이들은 금세 그곳에 몰려든다. 그리고 본 것에 대해 서로 이야기하기 바쁘다. 쉬는 시간이라면 큰 상관이 없지만 공부 시간이라면 난감하기 짝이 없다. 갑작스레 비가 오거나 바람이 불거나 눈이 오는 날이면 아이들은 눈 깜짝할 새에 창문에 매달려 있다. 수업 시간에 교사가 조금이라도 더 설명을 이어가려고 하면 아이들은 서랍 속의 교과서나 학용품을 만지작거린다. 교과서 끝을 잘라 뭔가를 만들기도 하고 지우개 가루를 주무르기도 하고, 색연필을 돌려 빼고 넣다가 곧잘 부러뜨리기도 한다. 주의를 주면 잠깐 멈추지만 계속 조용히, 오래 앉아 있어야 한다면 이와 비슷한 행동을 또다시 시작하는 것을 쉽게 볼 수 있다. 집중력이 정말 짧다. 교사가 이야기를 하는 중에 자기도 비슷한 경험이 있거나 생각나는 일이 있으면 곧바로 이야기하느라 바쁘다. 처음엔 교사를 향해 말하다가 많은 아이들이 이야기하느라 소란해지면 주변 친구들에게 이야기하기 시작한다. 1학년 아이들의 이런 특징이 교사에게는 참 어렵고 난감하다.

저절로 이렇게 되는 걸요

1학년의 행동은 한 마디로 '불쑥'이다. 예상치 못한 행동으로 교사를 당황하게 한다. 수업 시간에도 선생님께 말하고 싶은 게 있으면 불쑥 말하고 친구에게 말하고 싶은 게 있으면 불쑥 일어나 친구 자리로 가서 말한다. 기분이 좋으면 마치 두더지 게임기의 두더지처럼 제자리에서 불쑥불쑥 일어나기도 한다. 그래서 "수업 시간에는 자리에 앉자"라고 수시로 말해야 한다. (아직 키가 작고 다리가 짧으니 의자에서 일어나는 일이 별로 힘들지 않아서 그런 걸까 하는 생각이 들기도 한다.) 자신의 학용품을 만지작거리거나 연필을 물고 있거나 지우개를 조각내는 등의 행동을 하기도 한다. 이런 학생이 전체 학생 중 많지는 않지만, 1학년을 처음 맡는 교사에게는 당황스러울 수 있다. 대부분의 학생은 봄이 지나면서 나아지지만 아무리 지도해도 큰 변화 없이 1년이 흐르는 경우도 있다. 그렇다고 매번 엄하게 꾸짖기도 어렵다. 1학년 교사에게는 아이들이 학교를 안전하고 편안한 곳으로 느끼도록 할 책임이 있기 때문이다. 따라서 가장 좋은 방법은 '불쑥 행동'을 하지 않았을 때 칭찬하는 것인데, 교사가 매 순간을 자각하고 칭찬하는 것도 어렵다. '이것도 저것도 어려운데 뭘 해야 하는 것인가?' 하는 답답함이 일어난다.

사람은 천천히, 조금씩 변한다. 즉, 학생의 '불쑥 행동'은 몇 년에 걸쳐 조금씩 변화하므로 너무 크게 스트레스받지 말아야 한다. 그때그때 학생을 지도하며 쉬는 시간에 "너도 할 수 있어!"라고 자신감도 불어넣어

주고 너무 힘들면 한 번쯤 못 본 척도 하며 학생 스스로 성장하기를 기다리는 것도 필요하다.

손으로 다 만져보고 싶어요

1학년에게 모둠 준비물을 나눠주면 모두가 같은 행동을 한다. 한두 명 눈치 보는 학생들도 있지만 대부분은 손부터 나간다. 그래서 먼저 설명을 한 후에 준비물을 나눠주어야 교사 혼자 떠들고 학생들은 만지느라 정신없는 혼란을 막을 수 있다. 그렇다고 손부터 나가는 행동이 나쁜 것만은 아니다. 1학년을 데리고 운동장 놀이터에 나가면 모래 장난을 유독 많이 한다. 아이들은 모래가 주는 촉감을 기분 좋게 느낀다. 나뭇잎을 관찰해도 꼭 손으로 만져보고 찢고 뿌린다. 마치 온몸으로 세상을 알아가는 것 같다. 학교에는 동네에서 많이 사라진 모래 놀이터도 있고 공터도 있고 작게나마 숲도 있다. 이런 곳에서 마음껏 눈으로 보고 손으로 만져도 보고, 냄새도 맡고 소리도 들어보며 세상을 알도록 기회를 주자.

마음처럼 잘되지 않아요

1학년을 데리고 나가서 바깥 놀이를 하다 보면 정말 많이 다친다. 잘 넘어지기도 하지만 다시 벌떡 일어나서 금세 노는 모습이 신기할 정도다. 달리는 모양새를 가만히 보고 있으면 꼭 빨리 달리고 싶은 마음과 그렇지 못한 몸이 분리되는 것처럼 보인다. 마음이 몸보다 빨라서 넘어지는 것이다. 1학년은 자기 몸 조절이 마음처럼 되지 않는다. 대근육을 사용할 때도 그렇지만 소근육을 사용할 때도 마찬가지다. 유아 시절에 그리기, 종이접기, 만들기를 많이 해봐서 소근육이 일찍 발달한 어린이들을 제외하면 대부분의 1학년 학생들은 소근육이 덜 발달해서 가위질도 서툴고 연필을 바르게 쥐는 것도 어렵다. 자투리 시간마다 연필 바르게 잡고 글씨 쓰기, 가위로 모양 따라 오리기, 색칠하기, 색연필로 길게 선 긋기 등 꾸준히 연습할 기회를 주자.

급식 시간에 식판을 가장 많이 엎는 학생들도 1학년이다. 식판에 음식을 받아 국물을 쏟지 않게 들고, 자기 자리까지 어느 길로 가야 하는지 경로를 탐색하느라 곁눈질하며 걷는 것은 많은 감각의 협응이 필요하다. 하지만 아직 1학년은 이렇게까지 협응이 되기가 어렵다. 그래서 1학년이 무사히 자기 자리로 식판을 들고 가서 밥을 먹는 것은 칭찬을 받을 만한 일이다. 만약 교실 급식이라면 상황은 더욱 복잡하다. 가방을 모두 닫도록 하고 책상 간격을 충분히 넓힌 뒤 줄을 서도록 해야 급식을 받아 자리로 돌아갈 때 넘어지는 일이 덜 발생한다. 또 아주 천천히 이동하도록 해야지 서두르다가는 도미노 현상을 목격하게 될지도 모르니 교사는 마음의 여유를 가지고 1학년 급식 지도를 해야 한다.

수준 차가 커요

어느 학년이나 학생들의 학습 능력에 차이는 있지만 1학년의 수준 차는 다른 학년에 비해 더 크다. 놀이중심유치원, 영어유치원, 숲유치원, 일반유치원, 공동육아 등 학부모의 가치관에 따라 입학 전 교육기관을 선택할 수 있어서 학생들이 가지고 있는 선 경험이 다르다. 또 '학교 들어가기 전에는 놀아라', '한글 모르는 사람이 어딨어', '1학년 과정은 미리 공부하고 들어가자', '한글은 떼자', '자기 이름 정도만 알자' 등 학부모마다 교육관이 천차만별이고 이 생각은 자녀에게 그대로 반영된다.

이렇게 각기 다른 경험을 가진 학생들을 모아놓고 똑같은 교육과정을 가르쳐야 하는 것에서부터 1학년 담임의 고충이 시작된다. 같은 과제를 5분 만에 해치우는 학생이 있고 40분 내내 해결하지 못하는 학생이 있다. 그래서 자투리 시간에 활용할 수 있는 미로, 숨은그림찾기, 픽셀아트, 암호 풀이 등 활동지를 모아놓은 책이 꼭 필요하다. 책이 아니라 활동지여도 괜찮지만, 책으로 묶어두면 복사하러 다니지 않아도 되어 편리하다. 빨리 끝낸 학생이 활용할 수 있는 추가 활동 책자가 있으면 교사는 느린 학생을 지도할 시간을 확보할 수 있다.

상상력과 그림적 사고

유아의 마음속에는 상상력이 가득하다. 애착 인형이랑 이야기도 하고 친구처럼 지낸다. 긴 줄 하나가 샤워 호스가 되기도 하고 허리띠가 되기도 한다. 나무토막 하나가 의자나 식탁이 되기도 하고 케이크나 떡이 되기도 한다. 또 흔들리는 나뭇잎을 보며 나무와 인사하기도 하고 길가의 꽃, 개미, 나비, 돌멩이, 구름, 해님 등 모두와 친구가 되기도 한다. 물건 하나에 비슷한 것 여러 가지를 떠올리고 다양한 것으로 변형이 가능하다. 때로는 이야기 속 주인공이 되기도 하고 이야기 속 동물과 식물이 말을 하는 것도 아이들에게는 매우 자연스러운 일이다. 피아제(Jean Piaget)의 인지발달 이론[1]에서

---

[1] 피아제의 인지발달 이론에 의하면 1학년 아이들은 전조작기와 구체적 조작기의 경계 즈음에 위치한다. 전조작기는 모든 사물에 생명이 있다고 인식하는

전조작기의 주요 특징인 물활론(物活論)적 사고[2]의 시기이다. 이때의 아이들은 상상의 세계에 살고 있다.

유아 시절의 상상력은 1학년 아이들에게도 강하게 남아 있다. 길고 푸른 천 하나면 교실에서 강이 만들어진다. 동물처럼 뛰고 움직이기를 정말 좋아한다. 교사의 말 한마디에 교실은 산이 되기도 하고 개울이 되기도 한다. 1학년 아이들이 살고 있는 세계는 상상력이 가득한 옛이야기 속 세상과 매우 유사하다. 아이들이 느끼는 이야기 속 세상은 무지개처럼 아름답고 평화롭다. (1학년 아이들은 무지개를 정말 사랑한다!)

1학년 아이들은 설명을 잘 알아듣지 못한다. 아이들이 이해할 수 있는 말로 무언가에 빗대어 표현하거나 그림을 그리듯이 묘사하면 알아듣는다. 또 이야기를 들려주듯 설명하면 아주 기뻐하며 알아듣는다. 상상력

상태이고 6~8세에 해당한다. 구체적 조작기는 해, 달, 강물처럼 스스로 움직이는 것도 생명이 있다고 인식하는 상태로 8~12세 동안 발달한다. 대부분의 1학년 아이들은 모든 것에 생명이 있다고 생각하는데, 조금 성숙한 아이들은 움직이는 것이 살아있다고 생각하기도 한다.

2 우주 만물에 대한 사고는 모든 사물이 살아 있다는 기본 가정을 바탕으로 시작된다고 피아제는 생각하였다. 따라서 세상에 대한 지식이 부족한 어린 아동은 생명이 없는 사물을 자신과 같이 살아있는 것으로 보려는 사고 경향을 갖는데, 이를 아동의 물활론(child animism)이라고 한다. 아동의 물활론적 사고 경향은 생명에 대한 개념이 확립되어감에 따라 서서히 감소해 간다고 한다 (Piaget,1929). 고윤주. (1988). 아동 물활론의 발달과 생명개념. 아동학회지, 9(1), 19-32.

이 풍부한 아이들이 상상 속에서 그림을 그릴 수 있기 때문이다. 그래서 발도르프 교육에서는 아이들이 '그림적 사고'를 한다고 말한다. 어른들의 말을 알아들으려면 사고력이 발달하여 추상적 사고와 개념적 사고가 가능해야 한다. 그러니 긴 말로 설명하면 외국어를 듣는 양 알아듣지 못하게 된다. 아직은 사고력이 매우 부족하지만, 학년이 올라갈수록 설명을 조금씩 알아듣게 될 것이다.

　1학년 담임 교사는 아이들이 살고 있는 상상의 세계를 오래 전에 떠나왔다. 1학년 어린이들의 세계에 함께 들어가 있지 못하면 아이들이 사고하는 방식을 이해할 수 없어 교사가 힘들다. 따라서 아이들의 말과 움직이는 모습과 노는 모습을 보며 1학년의 세계를 관찰하는 것이 도움이 된다. 또 슈타이너는 옛이야기를 매일 읽는 것은 1학년 아이들이 살고 있는 상상의 세계에 한발 다가가는 좋은 방법이라고 조언한다.

마음 깊이 음미한 것은 오래 기억할 수 있다.

제2장

1학년 어린이들이 '잘' 공부하는 방법

1학년 어린이들이 '잘' 공부하는 방법

마음속에 그림 그리기

그림적 사고를 하는 1학년 아이들에게 비유나 묘사로 설명하고 다양한 구체물을 보여주며 안내하거나 이야기를 들려주자. 그러면 아이들은 내면에 그림(이미지)을 떠올린다. 이렇게 그림을 떠올리면 그 그림들이 서로 연결되고 발전되어 아이들이 그림적 사고로 배우게 된다. 어린아이들이 세상을 배우고 받아들이는 방식이다.

많은 교사가 수업에 그림책을 활용한다. 왜 그럴까? 전해야 할 수업 내용이 그림과 이야기에 잘 담겨 있어서 아이들의 그림적 사고에 맞게 쉽고 빠르게 다가갈 수 있기 때문일 것이다. 아이들은 금방 그림책에 몰입하고 자연스럽게 수업에 참여할 수 있다. 아이들이 마음이 상할 수 있거나 받아들이기 어려운 지도를 할 때도 그림책을 활용할 수 있다.

특히 옛이야기는 참 유용하다. 욕심쟁이들은 벌을 받고, 착하게 베풀고 용기를 내는 인물이 행복해지는 이야기를 통해 아이들은 선한 마음이 중요하다는 것을 배울 수 있다. 또 교사가 직접 겪은 일을 얘기해 주면 아이들은 정말 재미있게 듣는다. 교사가 경험한 과정이 아이들에게 그림적 사고를 하게 해주기 때문이다. 그래서 아이들이 그림적 사고를 통해 이해하고 받아들일 수 있도록 이야기로 전달하는 것은 좋은 방법이다. 이때 너무 이야기가 길어져 이야기 수업으로 흐르지 않도록 주의한다.

몸을 움직이며 공부하기

움직임과 배움의 관계를 생각해 보자. 자전거 타는 연습이나 타자 연습을 떠올려 보면 된다. 처음에는 틀리고 넘어지고 어려워하지만 매일 매일 시도하다 보면 조금씩 는다. 그리고 어느 순간 능숙한 자신을 발견하게 된다. 자전거 타기가 익숙해지면 자전거를 타면서 생각을 할 수 있고, 한 손으로 타면서 인사도 가능해진다. 타자 기능이 능숙해지면 타이핑하면서 생각을 정리하는 순간이 찾아 온다. 사정이 생겨 몇 년간 자전거를 못 타거나 타이핑을 할 수 없는 시간을 보내다가 다시 자전거를 타거나 키보드 앞에 앉았다고 가정해 보자. 마치 며칠 전에 이용한 것처럼 금세 익숙하게 자전거를 타고 타자를 칠 것이다. 몸으로 익힌 것은 몸이 기억한다. 몸이 기억하는 것은 잊히지 않고 오래 남아 있다.

1학년 아이들의 배움에 움직임을 활용하면 어떨까? 배움에 움직임을 활용하면 아이들은 움직임 욕구를 해소하면서 동시에 즐겁게 배울 수 있다. 아이들이 어려워하는 개념이나 수업 내용이 있다면 몸으로 움직일 방법을 고민하고 만들어 보자. 1학년에서 배워야 할 내용이 아주 쉽고 별것 없어 보이지만 1학년 아이들에게는 처음 배우는 낯선 것들이 많다. 그리고 아이들은 움직임을 너무너무 좋아한다.

한글을 배울 때도 자음과 모음을 물건으로 만들어 보거나 몸으로 만들면 재미있게 배울 수 있다. 혼자 하는 것을 잘하면 친구와 함께 만들게 한다. 그러면 서로 이야기를 하며 더 다양한 모양을 만드는 모습을 볼 수 있다. 학교에 들어오기 전에 한글을 익힌 아이 중에는 글자를 순서에 맞지 않게 '그리는' 경우가 있다. 그럴 때는 긴 막대나 줄을 활용해 글자 모양을 크게 만들어 놓고 그 위를 걸어보는 활동을 해볼 수 있다. 아이들은 글자가 커다랗게 만들어지는 것을 신기해 하고 그 위를 순서에 맞게 걸으면서 즐겁게 글자 쓰는 순서를 익히게 된다.

수학을 공부할 때는 덧셈과 뺄셈을 배우기 전에 '가르기와 모으기'를 많이 연습해야 한다. 1학년 아이들은 아직 머릿속에서 정해진 수만큼 가르고 모으는 게 어렵다. 이때 열매나 나무 블록 같은 구체물을 활용해 가르기와 모으기를 충분히 연습하면 쉽게 익힐 수 있다. 친구와 함께 움직이며 연습하면 더 좋다. 예를 들어 5로 가르기와 모으기를 한다면 다섯 명의 어린이를 나오게 해서 '하나, 둘, 셋' 신호와 함께 앉거나 서라고 한다. 그러면 5와 0, 1과 4, 2와 3등의 가르기와 모으기 모습이 나타난다. 친구들의 활동 모습을 보면서 함께 숫자로 말해보는 것도 좋은 공부이다. 그러면 즐겁게 움직이면서 배워야 할 개념들을 쉽게 익힐 수 있다. 구체물을 활용하거나 몸을 움직여 배우는 것은 수학뿐만 아니라 다른 과목 수업에도 유용하다.

1학년 아이들은 노래를 좋아한다. 배우는 내용과 관련된 노래나 해당 계절의 노래를 함께 부르면 좋다. 그런데 가만히 앉아서 노래만 부르면 심심해한다. 노랫말에 알맞은 동작을 만들어 움직이면서 노래를 하면 아이들은 더 즐겁게 노래한다. 단, 영상을 보여주며 노래를 부르면 눈으로 보느라 효과가 떨어질 수도 있다.

　몸을 많이 움직이는 놀이 활동도 1학년의 신체를 발달시키는 데 도움이 된다. 1학년 아이들은 아직 몸을 조절하는 힘이 약하다. 한 발 들고 균형잡기, 팔과 다리를 조화롭게 사용하기, 반듯하게 몸을 세우고 서기, 친구들과 함께 움직이기, 발끝과 발꿈치를 정확하게 알고 사용하기 등 몸으로 하는 놀이 활동을 통해 친구들과 즐겁게 움직이고 놀면서 동시에 몸을 조화롭게 발달시킬 수 있다. 그러니 몸을 많이 움직이면서 놀고 공부할 수 있는 다양한 활동을 준비해 보자.

교사를 따라서 모방하며 공부하기

　1학년 아이들은 사고력은 약하지만 모방하는 힘이 크다. 스스로 무언가를 하는 것은 너무 어렵다. 하지만 많은 반복과 연습을 하고 나면 새로운 방법이 생각나기도 하고 스스로 할 수 있는 것들이 생겨난다.

　유아들은 어른들이 하는 행동과 말을 그대로 따라 한다. 그러면서 말을 배우고 살아가는 방법을 배운다. 아이들이 학교에 입학하면 모방하는 것이 조금 달라진다. 여전히 교사의 행동과 말을 잘 따라한다. 하지만 초등학교 아이들은 교사의 마음을 따라 느낀다. 교사가 관심을 두고 있는 것에 관심을 두고 교사가 흥미를 느끼는 것에 흥미를 느낀다. 그러니 1학년 아이들이 교사를 따라 모방하며 배우는 것은 단순한 모방 이상의 의미가 있다.

교사를 따라서 모방하며 공부하기
'새싹을 도와주는 것들' 역할놀이

1학년 아이들과 했던 수업 중 정말 어려웠던 수업이 있었다. 바로 이전 교육과정에 있던 '봄' 교과의 '새싹을 도와주는 것들' 역할놀이이다. 모둠 안에서 해님, 바람, 물방울, 땅 등 역할을 나눠 씨앗을 도와주는 말과 움직임을 하는 역할놀이다. 각 역할을 정하고, 역할에 맞는 머리띠를 나눠 썼다. 하지만 수업은 늘 혼돈 상태였다. 대본을 써서 줘도 자기 차례를 모르는 아이, 친구에게 잔소리를 하는 아이, 아무 생각 없이 가만히 앉아 있는 아이. 그러다 다툼이 일기도 했다. 정신이 하나도 없었다. 매 봄마다 이 활동을 또 어떻게 해야 할지 걱정이 앞섰다. 오랫동안 해결되지 않는 숙제였다.

다섯 번째 1학년을 담당할 때였다. 유난히 생일이 늦은 학생이 많은 1학년 학급이었다. 모둠활동은 생각할 수도 없었다. 교과서에서 붙임 자료를 떼어 머리띠를 만들도록 했다. 하고 싶은 역할을 하나씩 골라서 머리띠에 붙이게 했다. 그리고 이야기를 시작했다.

"겨울이 지나고 따뜻한 봄이 다가왔어요. 농부 아저씨가 거름을 밭에 내고 땅을 갈아 긴 두럭을 만들었어요." 그러고는 땅 친구들이 나와서 길게 엎드리게 했다. "다음 날 농부 아저씨는 씨를 뿌렸어요." 이번에는 씨앗 친구들이 사이 사이에 앉아 엎드리게 했다.

"봄바람이 살랑살랑 불었어요." 하면 바람 친구들이 돌아다니고, "봄비가 내렸어요." 하면 물방울 아이들이 땅과 씨앗을 건드리게 했다. "해님이 따뜻하게 비춰줬어요." 그러자 해님 친구들이 땅과 씨앗을 쓰다듬었.

아이들이 너무너무 재미있어했다. 매일 씨앗 놀이를 하자고 했다. 공부를 하다가도 언제 씨앗 놀이 할 거냐고 물었다. 일주일쯤 지나 이제 그만하자고 했더니 한 아이가 부모님을 오시라고 해서 발표회를 하자고 했다. '아, 이게 1학년이구나' 다시 한번 느끼는 순간이었다.

처음부터 알아서 해보라고 하면 '혼돈의 도가니'가 된다. 그러다 주장이 강한 친구들이 부딪혀 싸우면 더 이상 수업은 어렵다. 1학년 아이들은 교사가 기본적인 것을 제공해 주어야 한다. 제일 먼저 학급 전체가 교사를 따라 여러 번 반복하고, 그 다음 모둠 친구들이나 짝꿍과 같이 해도 좋다. 다 같이 교사를 따라 해보고 서로를 보면서 모방하며 배울 때 재미있게 공부하고 활동할 수 있다.

아름답게 공부하기

사람은 누구나 아름다운 것을 좋아한다. 길을 가다 예쁜 것을 보면 저도 모르게 발을 멈추고 가까이 다가가 본다. 아름다운 것을 보면 만져도 보고 그려도 보고 느껴도 보고 싶어진다. 그러니 화가는 아름다운 것을 그리고 싶어 하고, 가수는 아름다운 것을 노래하고 싶은 것이 아닐까.

아이들도 마찬가지다. 아름다운 것을 보면 그리고 싶고 만들고 싶고 따라 하고 싶어 한다. 아이들의 배움 욕구를 불러 일으키는 방법 중 한 가지는 아름다움을 활용하는 것이다. 조용하고 따뜻한 선생님의 노랫소리를 들으면 아이들은 노래를 따라 부른다. 교사가 멋진 동작을 하면 아이들은 선생님을 따라 재미있게 움직인다. 교사가 아름다운 그림을 그리면 아이들 역시 교사를 따라 아름답게 그림을 그리려고 노력한다. 교사가 멋진 작품을 만들고 있으면 아이들도 만들어 보고 싶어 한다. 교사가 악기 연주를 하면 아이들도 악기를 연주하고 싶어 한다. 아이들과 무언가를 해야 할 때 아이들이 아름다움을 느낄 수 있도록 정성을 다해야 하는 이유이다.

꾸준히 반복하기

1학년은 사고력도 부족하고 기억력도 약하다. 아이들은 돌아서면 잊어버린다. 1학년 아이들을 지도할 때 어려운 것 중 한 가지다. 무언가를 알려주려면 한동안 계속 반복하면서 확인하고 고쳐주고 일러주어야 한다. 알려주면 "아, 깜빡했다!" 하면서 얼른 다시 한다. 입학한 지 두 달이 다 되어가는 4월 말에도 신발을 신은 채 실내화 가방을 손에 들고 교실로 등교하다가 다시 나가는 일이 자주 있다. 한 번에 이해하고 깨닫는 아이들이 많지 않은 1학년에게는 하루 긴 시간을 할애해서 집중적으로 가르치기보다, 여러 날에 걸쳐 조금씩 꾸준히 반복해서 가르치는 것이 더 효과적이다.

수업도 마찬가지다. 설명도 바로 알아듣지 못하는데 한 번의 활동으로 끝나버린다면 어리둥절하다가 시간만 훅 지나가 버리고 만다. 그러면 수업 내용은 아이들에게 전달되지 못하고 바람처럼 스쳐 지나갈 뿐이다. 슈타이너는 아이들과 활동을 매일 반복하라고 한다.

이때 똑같은 내용을 매일 반복하는 것은 지루할 수 있기 때문에 시나 노래처럼 운율을 활용해서 반복하라고 조언한다. 참 지혜로운 생각이다. 1학년 아이들은 유아와 달리 어제 들려준 이야기를 다시 들려주면 지루해한다. 하지만 노래나 시를 활용해서 반복하면 3주, 4주를 활동해도 즐겁게 활동한다. 이렇게 하기 위해서는 중요하고 의미 있는 내용을 선정하고 그것을 언제 어떻게 반복할지 교사가 준비할 필요가 있다.

1학년 아이들과 한가지 활동을 2주 가까이 매일 하면 대부분의 아이는 노래나 시를 외우고 동작도 외운다. 그러면 어느 순간 자신이 생각한 새로운 활동 방법을 제안하기도 한다. 아이들의 사고가 이루어지는 순간이다. 아이들이 제안한 것으로 활동하면 즐겁고 신나게 활동할 수 있다. 아이들은 활동에 사용되는 소재를 조금만 바꾸어도 새로운 활동처럼 신나게 즐긴다. 시나 노래에서 외운 자연과 사물을 교실 밖에서 만나게 되면 자기도 모르게 시와 노래를 떠올린다. 무심결에 반복했던 시와 노래의 뜻을 더 깊이 느끼고 기뻐할 수 있다. 시와 노래를 내면 깊이 가져가는 것이다. 가끔 학부모가 자녀와의 이런 경험을 알려주기도 한다. 이때가 교사로서는 아이들의 성장을 지켜보는 시간이고 참 행복한 순간이다.

시와 노래로 공부하기

1학년 아이들은 시와 노래를 좋아한다. 시에는 재미있고 맛깔나는 표현들이 있다. 그래서 시를 읊거나 노래를 부르며 음미하면 이미지가 떠오른다. 한 가지 시와 노래를 골라 아이들과 매일 낭송하고 노래하면 어느 순간 아이들이 시와 노래를 외운다. 아이들이 외울 때쯤 되면 스스로 시와 노랫말을 음미하는 모습을 보게 된다. 어쩌다 한 번 읽어주거나 가끔 접하게 해서는 1학년 아이들에게 시와 노래는 그냥 스쳐 지나가는 것일 뿐이다. 그래서 1주일 이상 매일 반복해서 시를 낭송하고 노래하는 시간이 필요하다.

아이들이 좀 더 시와 노랫말에 집중하기를 바란다면 처음 노래와 시를 소개하는 시간에 간단한 안내를 해주면 좋다. 나무에 관한 노래를 부른다면 '나무가 어떤 이야기를 해주고 싶대. 어떤 이야기인지 잘 들어보자' 정도의 안내면 충분하다. 새에 대한 시와 노래라면 새가 사는 곳이나 그 새만의 특징, 또는 우리가 언제 새를 만날 수 있는지 간단하게 안내하고 시작하면 좋다. 그러면 아이들은 훨씬 집중하고 더 빨리 외우고 더 잘 느낀다.

시나 노래만 읊는 것보다 알맞은 동작을 만들어 활용하면 시와 노래를 음미하는 데 더 많은 도움이 될 것이다. 혼자 하는 동작은 노래와 시에 집중할 수 있게 돕고, 친구와 함께하는 동작은 친구를 배려하며 함께 움직이는 것을 연습함으로써 교우 관계에 도움이 될 수 있다.

시와 노래를 통해 세상을 만나는 것은 단순히 상상력을 자극하는 것에 멈추지 않는다. 마음 깊이 음미한 것은 오래 기억할 수 있다. 아이들의 풍부한 상상력으로 기억력을 강화하고 사고력을 발전시킬 수 있다.

주변의 자연에서 공부하기

아이들은 교실 밖을 참 좋아한다. 학교 화단만 둘러봐도 좋아하고 학교 옆 공원만 나가도 좋아한다. 밖에 나가면 개미도 있고 벌레도 있고 운 좋게 풍뎅이나 지렁이라도 만나면 신기해 한다. 벌레를 보면 징그럽다고 몸을 사리는 아이도 있지만, 무엇을 먹고 사는지 얘기해주고, 어떻게 움직이는지 들여다보면 정말 재미있어 한다.

수업 시간에 해당 계절에 볼 수 있는 곤충과 꽃과 나무 이야기를 들려주면 좋다. 시나 노래를 고를 때 계절에 어울리게 고른다면 아이들은 계절의 변화를 잘 느낄 것이다. 꾸준히 반복해 익힌 시, 노래, 이야기가 익숙해질 때쯤 계절의 모습을 마주하면 아이들 입에서

절로 시와 노래가 흘러나온다. 아이들과 진달래 노래를 자주 불렀는데 나들이 가서 진달래를 발견했다면 아이들은 바로 진달래 노래를 함께 부른다. 나무 노래를 부르고 밖에서 그 나무를 발견한다면 아이들은 그 나무를 특별하게 생각할 것이다. 재미있게 이야기를 듣고 자연에 나갔을 때 아이들은 꽃과 나무와 곤충과 벌레들을 기뻐하면서 더 신기하게 바라본다. 새로운 눈으로 자연을 만나며 마음 깊이 연결되는 것이다.

1학년 아이들은 아직 계절의 변화를 잘 모른다. 계절 별로 언제 어떤 꽃과 풀과 열매를 볼 수 있는지 잘 모른다. 문명이 발달함에 따라 계절의 변화가 인류 생존에 직결되지는 않게 되었지만, 아이들은 계절의 변화와 그에 맞는 세상의 이치를 배워야 한다. 그런 의미에서 절기 교육은 아이들에게 의미가 크다. 주변의 자연에서 볼 수 있는 것을 수업에 도입해 활용한다면 아이들은 계절의 변화를 잘 느낄 수 있다. 그리고 자연이 주는 혜택에 고마워할 줄 알게 되고 자연의 아름다움도 느낄 수 있다.

학교 공간에 여유가 있다면 학교 안에 작은 텃밭을 가꾸거나 화분에 식물을 키워보는 것도 좋다. 자신이 심고 가꾸면 아이들은 더 애착을 갖고 열심히 들여다본다. 싹이 한 장 더 나오는 모습, 꽃잎이 펼쳐지는 모습, 작은 열매가 맺히는 모습을 관찰해 볼 수 있다. 또 스스로 키운 것이라면 싫어하는 채소라고 하더라도 먹으려고 노력한다. 달라진 교육과정에서는 자연을 느끼고 체험하는 내용이 많이 줄었다. 하지만 자연과 계절을 체험할 기회를 많이 만드는 것은 여전히 아이들에게 중요한 일이라고 할 수 있다.

옛이야기로 공부하기

이야기는 작가의 상상력이 담긴 산물이다. 그러니 상상력이 풍부한 1학년 아이들은 이야기에 환호한다. 1학년 중 조금 빠른 아이들이나 책을 많이 읽은 아이들은 이야기가 거짓말이라고 생각하고 질문하는 경우가 있다. 그래도 옛이야기를 듣는 것은 참 좋아한다.

옛이야기는 대부분 주인공이 다양한 상황에서 어려움에 부닥치고, 착한 마음으로 희생하고, 극복하는 이야기가 많다. 아이들은 이야기를 들으면서 마음으로 주인공의 여정을 따라간다. 슬픈 상황에선 함께 슬퍼하고 고통도 함께 느낀다. 마지막에 주인공이 좋은 결과를 얻으면 함께 기뻐한다. 한 민족이 오랜 시간 그 지역에 살면서 축적된 삶의 지혜와 문화가 응축된 것이 옛이야기 아닌가. 그러니 옛이야기를 듣는 것은 옛 조상들의 지혜와 만나는 시간이기도 하다. 실제로 우리가 사는 세상은 얼마나 험난한가. 세상을 살아가다 보면 다양한 사람을 만나고 많은 어려움을 겪을 수 있다. 이때 포기하지 않고 용기를 내어 착한 마음으로 이겨낼 수 있다는 것을 어린이들은 옛이야기를 통해 배울 수 있다. 옛이야기는 아이들의 마음을 성장시키는 힘이 있다.

한글 자음자 공부를 할 때도 옛이야기에서 자모의 모양과 낱말을 떠올려 배운다면 훨씬 재미있는 한글 공부 시간이 된다. 문장 쓰기를 공부할 때도 옛이야기로 문장 쓰기 연습을 하면 아이들의 몰입도가 높아져서 재미있게 국어 공부를 할 수 있다. 숫자 공부를 할 때도 옛이야기에 나오는 숫자들을 연결하여 들려주면 좋다. 1학년 아이들과 할 수 있는 여러 가지 옛이야기 공부 방법을 정리해 보면 다음과 같다.

옛이야기 들려주며 공부하기

· **그냥 들려주기**

수업 중 시간이 남을 때, 갑자기 계획했던 활동을 할 수 없게 됐을 때 옛이야기를 들려줘 보자. 수업을 마무리하며 들려줘도 좋다. 하루에 한 가지 이야기가 적당하다. 어린이들은 이야기를 내면에서 소화시킬 시간이 필요하다. 많은 이야기를 들려주는 것은 아이들이 소화하기에 무리가 되고 아이들의 마음을 어지럽게 한다. 조금 긴 이야기라면 2~3일에 걸쳐 나누어 들려주면 좋다. 들려주는 시간은 10분 정도가 좋다. 15분이 넘어가면 몰입해서 듣기가 힘들어지기 때문이다. 아주 긴 이야기라면 3~5일간 나누어 들려줘도 좋다. 아이들에게 이야기의 교훈을 굳이 가르치려고 하지 않아야 한다. 그냥 들려주는 것이다. 그래도 아이들은 이야기 속의 상황을 이해하고 스스로 교훈을 배워간다. 만약 들려준 이야기에 관해 생각을 나누고 활동을 한다면 이야기를 들려준 다음 날 시도하는 것이 좋다.

• 이야기를 듣고 그림 그리기

이야기를 들으면서 혹은 듣고 나서 재미있는 부분이나 떠오르는 장면을 그림으로 그려 본다. 아이마다 그림이 조금씩 다를 것이다. 그래도 괜찮다. 왜 이 장면을 그렸는지, 어떤 부분을 그렸는지, 어떤 부분을 그리기 어려웠는지 같이 얘기해 보는 것도 재미있다. 1학년이라 어떻게 그려야 할지 몰라 어려움을 겪을 수도 있다. 그래서 처음 나무를 그리거나 사람을 그릴 때 교사가 아이들과 함께 그리면 좋다. 어떻게 시작해서 어떻게 마무리하는지, 어떤 방법으로 그려보면 좋은지 알려주면 아이들은 그리는 방법을 터득하고 그리는 재미를 더 느낄 수 있을 것이다. 그림을 그릴 때 아이들이 어려워하는 것 중 하나가 바탕색 칠하기인데, 긴 크레용을 눕혀 넓은 면이 종이에 닿게 해서 문지르면 부드러운 분위기를 표현하면서 바탕색 칠하기를 해결할 수 있다. 또 블록 모양의 사각 크레용을 사용하면 좀 더 편하게 그림의 분위기와 색감을 표현하는데 용이하다. 그러면 아이들은 그림 그리기에 대한 부담을 덜고 그림 그리기를 더 즐길 수 있다.

• 이야기를 듣고 만들기

점토나 밀랍을 이용해 이야기에 등장하는 주인공이나 물건을 만들어보는 것도 재미있다. 1학년 아이들은 늘

손이 심심하다. 그러니 이야기를 듣는 동안 재료를 주무르다가 만들고 싶은 것이 생각나면 만들게 해보자. 특히 밀랍은 매우 단단한데 손으로 주무르면 손의 온기가 더해지면서 서서히 말랑해진다. 손이 차가운 아이들을 위해서는 손을 비비거나 손뼉을 쳐서 열이 나게 한 후 밀랍을 주무르게 하면 좋다. 만들기가 마무리되면 친구들이 만든 것들을 모아 놓고 함께 살펴보며 이야기를 나눈다.

• **이야기 역할극 해보기**

아이들이 좀 더 간직하면 좋겠는 이야기가 있다면 다음 날 한 번 더 들려준다. 어제 들었던 이야기를 떠올리며 말하게 해도 좋다. 교사가 조금씩 도와주면서 다시 한 번 이야기를 되새긴다. 그 다음 등장인물을 맡아서 역할극을 해보면 아이들은 아주 즐겁게 참여할 것이다. 준비물은 간단해도 된다. 교실에 있는 물건들, 예컨대 보자기나 막대기 등을 활용하면 된다. 조금 큰 준비물이라면 아이들 여럿이 함께 만들어도 좋다. 이야기의 한 장면을 선택하여 역할극을 할 수도 있다. 역할극을 통해 말하기 연습도 할 수 있고, 이야기를 더 깊이 느끼면서 상대방의 마음도 헤아려볼 수 있다.

학교생활의 힘든 점을 물어보면 많은 아이가
'자리에 앉아 있는 것'이라고 말하는데…

제3장

1학년 눈높이에 맞는 효과적인 수업 계획

1학년 눈높이에 맞는 효과적인 수업 계획

1학년의 특성을 고려한 수업 설계하기

적응기를 고려한 수업 설계

1학년 수업 설계는 시기에 따라 달리 계획하는 것이 필요하다. 3~4월은 1학년의 학교 적응 시기로 아이들이 학교에 익숙해질 때까지 학교에 거부감을 느끼지 않도록 하는 것이 가장 중요하다. 아이들이 입학 전 다녔던 기관의 종류에 따라 조금씩 다르기는 하지만 기본적으로 유치원이나 어린이집은 쉬는 시간과 수업 시간의 구분이 없고 학교에 비하여 자유로운 분위기이다. 그래서 3~4월에는 시간 약속과 책상 생활 자체를 힘들어하는 아이들도 많다. 이 시기에 학습 내용이 많거나 수업 활동이 지루하면 아이들은 학교에 흥미를 느끼지 못하고 거부감을 가지게 된다. 그렇기 때문에 1학년의 3~4월은 과도기라고 생각하고 여유롭게 수업을 준비하여야 한다. 특히 이 시기의 1학년 학생들은 할 수 있는 활동 수준의 차이가 크기 때문에 학습 내용은 적게, 활동은 최대한 쉽고 간단하면서도 다양하게 준비하면 좋다. 실제 1학년 교육과정을 살펴보면 3월부터 4월 초는 학교 적응과 기초 학습으로 구성되어 있다. 학습 내용이 많지 않기 때문에 아이들의 적응 정도를 관찰하면서 수업을 재구성하기에 좋다. 이렇게 4월 초까지 적응 기간이 마무리되면 4월 중반부터는 학습 내용을 늘리고 난이도를 높여야 한다. 1학년 2학기부터는 본격적으로 문장 쓰기가 나오기 때문에 조금씩 맞춰나가지 않으면 2학기에 어려움을 겪는 아이들이 생길 수 있기 때문이다.

짧은 집중력을 보완할 수 있는 활동의 전환

같은 학습 내용이라도 활동을 자주 전환하여 수업을 운영하면 어린이들의 집중력을 지키는 데 도움이 된다. 1학년 중에는 20분 이상 의자에 앉는 것이 처음인 아이들도 많다. 실제로 1학년 아이들에게 학교생활의 힘든 점을 물어보면 많은 아이가 '자리에 앉아 있는 것'이라고 말하는데 이러한 점을 고려하여 수업을 설계해야 한다. 또한 같은 활동을 오랜 시간 하면 집중력이 급격하게 떨어지기 때문에 학교 적응 초반에는 10분 간격으로 활동을 전환해주고, 이후 활동 시간을 조금씩 늘려가는 것도 좋은 방법이다. 그렇지 않고 초반부터 쓰기, 그리기, 만들기 등 한 가지 활동을 장시간 하게 되면 아이들은 특정 활동에 대한 부정적인 마음을 가질 수 있다.

학습 흥미 유지를 위한 다양한 보조 도구 활용

색칠은 도구를 다양하게, 쓰기는 게임 방식으로 준비하면 좋다. 보통 1학년들이 가장 싫어하는 활동은 색칠하기와 글자 쓰기이다. 하지만 1학년 수업은 색칠하기와 쓰기가 많이 나올 수밖에 없다. 이때는 활동에 조금 변화를 주어 아이들이 학습에 대한 흥미를 잃지 않도록 도와주어야 한다. 색칠하기 수업에서 가장 간단하게 줄 수 있는 변화는 색칠 도구를 다양하게 하는 것이다. 1학년 아이들은 호기심이 많아서 마커, 오일 파스텔, 반짝이 펜 등 도구만 조금 달라져도 집중도가 달라진다. 아이들이 색칠하기를 힘들어하는 이유 중 하나가 색칠할 때 손에 힘을 너무 많이 주어야 하기 때문인데, 이렇게 색칠해야 하는 양이 많을 때는 마커처럼 힘을 들이지 않아도 색칠이 잘 되는 도구를 이용하도록 해준다.

쓰기 수업의 경우, 똑같은 쓰기 활동인데도 게임처럼 미션, 퀴즈 등의 이름만 붙여주어도 아이들의 흥미도가 높아진다. 여기에 약간의 활동성이 추가되면 아이들은 더 즐겁게 참여한다. 릴레이 쓰기, 이어 달리며 쓰기, 보물찾기 쓰기, 순간 포착 쓰기 등 다양한 방법이 있다. 색칠이나 쓰기 활동을 마무리할 때 아이들이 완성한 작품을 실물화상기로 공유하며 친구들과 서로 칭찬을 주고받는 시간을 가지는 것도 좋은 방법이다. 사후 활동이 있으면 아이들이 조금 더 적극적으로 참여하게 된다.

흥미를 돋우는 쓰기 활동

- **바른 획순으로 쓰기**

  요즘은 영상물, 인쇄물로 학습을 많이 하므로 학생들이

숫자, 글자를 쓰는 순서가 제각각이다. 심지어 아래에서 위로 쓰는 학생도 있다. 바른 획순으로 써야 자형이 바르고 나중에 다른 기호, 알파벳과 함께 써도 혼동이 되지 않는다. 1학년 때만큼은 선생님을 따라서 바른 획순으로 차근차근 쓰는 연습을 한다.

• 도구 바꾸며 쓰기

1학년 아이들은 연필보다는 다른 도구를 활용하여 쓰는 것을 좋아한다. 그래서 쓰기 학습 초기에는 연필로만 반복하여 쓰는 것보다 색연필, 네임펜, 사인펜 등 다양한 도구를 활용하여 쓰면 좋다. 네임펜이나 사인펜은 글씨를 쓰고 나면 종이의 뒷면을 쓸 수 없기 때문에 교과서나 공책보다 활동지에 쓸 때 사용하면 좋다.

• 크게 쓰기, 작게 쓰기

처음 글자를 익힐 때는 물론 크게 쓰면서 연습하는 것이 가장 좋지만 같은 크기로만 쓰면 아이들이 지루함을 느끼기 때문에 크기를 변형하며 놀이식으로 쓰면 좋다. 가장 작게 쓰기 미션, 가장 크게 쓰기 미션 등으로 활동을 구성하면 아이들이 더 즐겁게 참여한다.

- **이어달리며 쓰기**

쓰기 활동에 이어달리기를 결합한 쓰기 방법이다. 활동지를 조금 떨어진 곳에 두고 이어달리기를 하면서 쓰도록 하는데, 활동 전 글씨를 바르게 쓰는 것이 가장 중요한 판단 기준임을 안내하면 글자를 쓸 수 있는 한 가장 바르게 쓰려고 노력한다.

- **보물찾기 쓰기**

교실 안 여러 장소에 글자 쪽지를 숨겨 두고 찾아 쓰도록 하는 쓰기 놀이이다. 글자 쪽지를 눈에 보이는 곳에다가 숨겨놓아도 움직이면서 찾아 쓰는 활동 자체에 흥미를 느끼고 참여한다.

- **순간 포착 쓰기**

글자를 움직이며 보여주거나 짧은 시간 동안만 보여주고 바르게 쓰도록 하는 쓰기 놀이이다.

- **글자 꾸미기**

쓰기 수업을 하다 보면 아이마다 과제 수행 속도에 큰 차이가 난다. 이때 여분의 학습지를 배부하기에는 시간이 애매한 경우도 있는데 그때는 아이들에게 자신이 쓴 글자를 꾸며보도록 하는 것도 좋은 방법이다.

개인별 학습 수준 차를 대비한 여분의 활동 준비

1학년은 개인별 학습 능력 차이가 커서 활동이 끝나는 시간이 학생마다 다르고 결과물의 수준 차이도 크다. 그래서 항상 여분의 활동지나 활동을 미리 준비하는 것이 필요하다. 여분의 활동지는 학습 목표와 관련된 것 1종류, 아이들이 좋아하는 활동 1종류로 준비한다. 다만 수업 시간마다 새로운 활동지를 준비하는 것은 사실상 힘들기 때문에 학기 초에 자투리 활동 자료나 책을 한 권 미리 구매해 두는 것도 좋은 방법이다.

1학년 교과서의 붙임 자료를 미리 확인하기

1학년 교과서는 교과서에 첨부된 붙임 자료가 많은 편이다. 그런데 교과서 붙임 딱지나 붙임 자료를 뜯는 것이 1학년에게 어려울 수 있다. 어떤 자료는 뜯는 것만 1시간이 걸릴 수도 있고, 아이들이 제대로 뜯지 못해 붙임 자료가 망가지기도 한다. 이렇게 되면 수업을 제대로 할 수 없기 때문에 항상 사전에 붙임 자료를 확인해야 한다. 실제로 1학년 아이들은 교과서의 붙임 자료 뜯는 것을 매우 어려워한다. 그리고 조금만 잘못 뜯어져도 굉장히 속상해하기 때문에 뜯기 자료에 대한 지도를 3월부터 꾸준하게 할 필요가 있다.

붙임 자료를 무작정 잡아당기거나 오히려 너무 조심스럽게 조금씩 뜯다가 다 찢어지는 경우가 많은데, 뜯기 붙임 자료는 앞뒤로 여러 번 접으면 저절로 뜯어진다는 것을 충분하게 안내한다. 붙임 자료를 뜯지 못하고 찢는 아이들이 있으면 급한 마음에 교사가 다 뜯어 주게 된다. 이렇게 교사가 대신 해주는 일이 반복되면 시간이 지나도 아이들 스스로 자료를 뜯지 않으려 할 수 있기 때문에 처음부터 스스로 하도록 지도해야 한다. 혼자 자료를 뜯기만 해도 충분하게 칭찬하고, 학급 전체에 붙임 자료가 찢어져도 괜찮다고 생각하는 분위기를 만들면 아이들이 스스로 하는 데 도움이 된다. 사실 교과서의 붙임 자료는 찢어져도 수업에 큰 지장을 주지 않는다. 필요하다면 복사하는 등 다른 방법이 있기 때문에 아이들이 스스로 할 수 있도록 격려해 주는 것이 더 중요하다.

더불어 수업 전에 붙임 자료를 확인했을 때 학급 수준에 맞지 않는 자료라면 미리 다른 자료로 대체하는 등의 대비를 해야 한다.

수업 활동 시간은 넉넉하게 계획하기

처음 1학년 수업을 설계하다 보면 교과서의 활동이

나 학습 내용이 간단하다 보니 추가 활동을 너무 많이 준비하는 경우가 많다. 여기서 꼭 기억해야 할 점은 다른 학년과 다르게 1학년은 활동 하나를 마무리하는 데 시간이 오래 걸리고 학생별로 활동 시간 차이도 크다는 것이다. 그래서 교사가 예상한 시간보다 더 오래 시간이 걸린다고 생각하고 수업을 준비해야 한다. 10분을 예상했는데 20~30분이 걸릴 때도 많다. 평소 수업에서는 이 부분이 크게 중요하지 않지만, 공개수업을 하거나 특별실이나 특정 도구를 대여하는 수업을 하게 될 경우 이러한 시간 계산이 중요해진다. 그래서 본 수업 내용은 여유롭게 시간을 계산하여 준비하고, 시간이 남을까 봐 걱정된다면 간단한 퀴즈 활동이나 마무리 발표를 예비로 준비해 두면 좋다.

수업 시뮬레이션simulation으로 예측 가능한 수업 계획하기

수업 전 반드시 수업 전체를 시뮬레이션 해본다. 1학년 수업은 돌발상황이 많이 일어난다. 그리고 생각보다 아이들이 활동 방법을 잘 이해하지 못하는 경우가 많다. 그래서 수업 전 설계 단계에서 머릿속으로 수업을 한 번 돌려보면서 아이들이 이해하기 어려워 할 설명은 없는지, 활동의 난이도는 적절한지, 안전상 다칠 수 있는 요인은 없는지, 활동 전 안내해야 할 규칙과 덕목에는 어떤 것들이 있는지 미리 점검해야 한다. 특히 활동 수업 전에 시뮬레이션을 해보지 않으면 충분한 안전 지도가 되지 않아 아이들이 다칠 수도 있기 때문에 수업 전체를 미리 시뮬레이션해 보는 것은 매우 중요하다.

수업을 계획할 때 무엇을 고려해야 할까?

• **활동 난이도와 소요 시간은 적절한가?**

학급 학생들의 이해력 수준을 고려하여 활동 난이도가 적절한지, 소요 시간은 어느 정도 걸릴지 미리 예측하는 것이 좋다. 이때 준비한 활동에 어려움을 겪을 수 있는 아이들에게 어떤 개별 도움을 제공할지 미리 생각해 두는 것도 중요하다. 활동 시작 후 개별 도움이 필요한 학생에게 재빨리 추가 설명을 해주는 등 개인별 난이도를 고려하여 수업하면 아이들이 시간 내에 활동을 마무리하고 성취감을 얻을 수 있다.

- **활동 안내를 충분히 이해하고 따라오고 있는가?**

 수업 활동 안내 방법에 따라 아이들이 어떤 행동을 할지, 원하는 방향으로 과제를 수행할 수 있을지 미리 생각한다. 1학년을 가르칠 때는 정성스럽게 준비한 수업이 생각했던 방향으로 흘러가지 않는 경우가 많은데, 이는 대부분 아이들이 활동 안내를 충분히 이해하지 못해서 발생한다. 이를 예방하기 위해 설명은 최대한 짧고 간단한 문장으로 단계별로 하고, 단계마다 아이들이 잘 수행하고 있는지 확인해야 한다.

- **안전사고 발생 요인은 없는가?**

 안전사고 예방은 신체 활동이 들어가는 수업에서 가장 중요한 부분이다. 1학년의 신체 활동 수업은 충분한 사전 준비를 하지 않으면 돌발 상황이 많이 발생한다. 먼저 활동을 할 때 아이들이 어느 범위까지 이동할지 미리 파악하고 주변 장애물을 최대한 정리해야 한다. 활동 중간에 대기할 장소와 대기 방법은 어떻게 할지, 활동마다 줄을 어떤 방식으로 서야 할지, 활동을 다 한 사람은 어디로 이동할지 등을 미리 계획해야 동선을 정리할 수 있다.

 또한 수업 전에 발생할 수 있는 안전사고에는 어떤 것들이 있는지 미리 생각해보고 함께 안전 수칙을 만들어야 한다. 예를 들어 원반던지기 수업에서는 아이들이 원반으로 하기 쉬운 장난과 안전사고, 이를 예방하는 안전수칙, 아이들이 원반을 잘못 던졌을 때 어떻게 할지 등을 미리 계획하면 좋다.

- **활동 중 학생 간 갈등 요인은 없는가?**

활동 수업을 하다 보면 아이들끼리 갈등이 생기는 경우가 많고, 자신이 이기지 못했을 때 화를 내거나 눈물을 흘리는 학생이 발생하기도 한다. 이러한 상황을 대비하기 위하여 활동 수업 전에는 활동 수업의 목적과 스포츠맨십을 알려주고, 승패가 있는 수업이라면 승패가 결정되었을 때 승자와 패자가 할 행동을 미리 정해둔다. 그리고 규칙을 잘 지켜 활동하였을 때는 그 부분에 대해서 즉각적이고 구체적인 칭찬을 해준다. 승패에 민감한 학생이 있다면 승패가 있는 활동을 줄인 후 서서히 늘려가는 방법을 시도할 수도 있다.

1학년 특성에 맞는 수업 자료 만들기

그림 중심 수업 자료

1학년 1학기는 기초 한글 위주로 수업하는데, 2학기가 되어도 한글을 완벽하게 깨치지 못하는 학생이 많다. 한글을 깨우쳤어도 문장을 읽고 내용을 이해하는 데 시간이 오래 걸린다. 그렇기 때문에 설명이 전부 글로 적혀있는 수업 자료는 큰 의미가 없다. 교사와 함께 소리 내어 읽는 것이 아니라면 아이들은 글을 집중하여 읽지 않는다. 그래서 1학년 수업 자료를 준비할 때는 1학년의 특성에 맞는 그림 중심의 시각 자료를 준비하는 것이 좋다. 직관적인 그림 설명이 아이들에게 훨씬 더 도움이 되고 흥미를 유발하는데도 좋다. 요즘에는 '캔바', '미리캔버스', '망고보드' 같이 그림 자료를 무료로 사용할 수 있는 사이트들이 아주 많기 때문에 수업 자료 만드는 것이 어렵지 않다. 그림 자료를 만들 때는 실제 활동 내용과 의미가 달라지지 않도록 주의해야 한다. 1학년 아이들은 그림의 내용을 보이는 그대로 받아들이기 때문에 그림과 설명이 달라지면 헷갈려 할 수 있기 때문이다.

글자를 활용하는 수업 자료

수업 자료의 글자 크기는 크게, 글자를 써야 하는 칸도 크게 만든다. 1학년 아이들은 아직 한글을 배우는 단계이다. 그래서 한글 학습에 도움이 되도록 아이들과 함께 읽고 공부해야 하는 글자는 크게 작성해야 한다. 화면에 띄워 함께 볼 프레젠테이션 자료의 경우 한글 폰트 기준 43~48포인트 정도가 되어야 가장자리에 앉은 아이들도 한눈에 보고 읽을 수 있다. 활동지의 경우, 아이들이 따라 써야 하는 주요 단어들은 28~33포인트 정도의 크기가 좋다.

바른 글씨체 형성을 위해 글자를 크게 쓰면서 연습하는 것이 좋다. 이를 위해 글자를 써야 하는 칸은 최대한 크게 만들고, 한 칸을 사분면으로 분할하는 점선을 넣어 주면 아이들이 더 효과적으로 쓰기 연습을 할 수 있다. 또한 글자 적는 칸을 한 글자에 한 칸으로 만들어 주면 바르게 쓰기, 띄어쓰기 학습에도 큰 도움이 된다.

학습 자료를 만들 때는 서체도 중요하다. 예를 들어 삐침이 있는 서체나 글꼴 변형이 많이 된 디자인 서체는 아이들이 낱자 구분을 제대로 하지 못할 수 있기 때문에 삐침이 없거나 글꼴 변형이 많이 되지 않은 서체를 활용하여 학습 자료 준비를 할 필요가 있다.

실물 자료 활용

아무리 예쁘고 좋은 자료라도 실물 자료를 이길 수는 없다. 1학년 학생들에게 가장 효과적인 수업 자료는 바로 실물 자료이다. 그래서 실물 자료를 준비할 수 있는 수업이라면 꼭 실물 자료를 구해서 사용할 것을 추천한다. 예를 들어 여러 가지 도형 단원이라면 여러 가지 도형의 모형을, 악기 수업에는 실제 해당 악기를, 자연 관찰 수업에서는 식물을 직접 관찰하는 것이 가장 좋은 수업 자료이다.

모든 학생에게 똑같은 학습 재료를 제공

학급의 모든 학생에게 똑같은 학습 준비물과 재료를 제공해야 한다. 선생님이 주신 학습 재료가 옆 친구와 다르다는 것은 1학년 어린이에게 불만이 생길 수 있는 충분한 이유이며, 그로 인해 학습 전반에 대한 흥미까지 떨어질 수 있다. 그래서 가능한 한 모두 같은 재료를 제공하는 것이 좋다. 사정상 다른 재료를 제공할 수밖에 없을 때는 사전 설명 및 칭찬을 통해 불만을 미리 방지한다. 예를 들어 "선생님이 준비한 재료 중에서 몇 개만 ~한 이유로 ~한데, 혹시 이 준비물을 사용해도 괜찮은 친구가 있을까요?"라고 물어보면 서로 손을 들고 하고 싶어 한다. 그러면 칭찬과 고마움을 표현하면서 재료를 나누어 주면 된다.

흥미를 불러일으키는 스토리텔링 수업 자료

1학년 학생들은 수업 자료의 디자인에 따라 집중도가 달라지기도 한다. 스토리텔링 형식으로 귀여운 캐릭터가 있거나 수업 전반을 꿰뚫는 하나의 스토리가 있으면 수업에 대한 집중도가 매우 높아진다. 또한 과제 해결 시마다 스티커나 캐릭터, 힌트를 모아 전체 미션을 해결하는 방식의 수업 자료는 교과 전체의 흥미도를 높이기 때문에 아이들은 매일 그 시간을 기다리게 된다. 수업 자료를 만들 때는 힘들지만 학습의 효과가 높다. 스토리텔링 수업 자료를 만들 때는 학습 목표가 달성 가능한 수업 자료인지, 학생들에게 비교육적인 언어나 내용이 들어가지는 않았는지 주의하여야 한다.

수업에 적극적으로 활용하는 그림책

사실 1학년 교과서에는 내용이 거의 없다. 그래서 대부분 활동을 재구성해야 하는데 교사 혼자 모든 수업을 재구성한다는 것은 쉬운 일이 아니다. 그래서 1학년 교사는 그림책과 친해야 한다. 요즘 그림책은 삽화도 귀엽고 내용도 흥미로워서 아이들이 굉장히 재미있어 한다. 이때 영상을 틀어주는 것보다는 실물 책을 빌려서 읽어주고 학급 문고에 일주일 정도 두면 아이들이 스스로 책을 찾아 읽기 때문에 독서 습관을 길러주는 데에도 도움이 된다.

수업 중 집중을 돕는 효과적인 방법

집중 구호 활용하기

먼저 수업 중 집중이 필요한 순간에 쓸 수 있는 간단하고 흥미로운 주의집중 구호를 정하자. 구호를 외치면 빠르게 주변을 환기하고 집중시킬 수 있다. 집중 구호는 너무 많으면 오히려 집중에 방해가 되므로 교실에서 쉽게 쓸 수 있는 구호, 놀이식으로 할 수 있는 구호, 박수나 종소리 등을 이용한 구호, 운동장이나 특별실처럼 야외에서 쓰는 구호 등 딱 하나씩만 정해두면 상황에 맞게 활용하기 좋다.

우리반 집중 구호

- **교실에서 쉽게 쓸 수 있는 구호**

교사가 선창하고 아이들이 후창하는 방식으로 '(교사)선생님-(학생들)봅시다' '(교사)1학년-(학생들)O반'과 같은 구호를 정해서 활용할 수 있다. 학급에서 외부 강사 수업을 하거나 다른 전담 선생님이 들어오시는 경우 빠르게 주의 집중을 시켜야 하므로 미리 연습을 해둔다.

• **놀이식 구호**

인터넷에서 다양한 레크리에이션 구호를 많이 찾을 수 있는데, 아이들이 재미있게 따라 하기는 하지만 시간이 너무 오래 걸리거나 주의 집중이라는 원래 목적을 달성하지 못하는 경우가 많아서 수업 중에는 잘 사용하지 않는다. 수업에서는 '코코코 구호'를 많이 사용한다. '코코코-머리, 코코코-귀' 식으로 신체 부위를 손으로 가리키며 교사에게 집중하고 마지막에는 '코코코-책상' 하며 손을 책상 위에 올리는 방식의 집중 구호이다. 놀이식으로 하여 아이들이 집중도 잘하고 필요에 따라 횟수를 조절할 수 있어서 효과적이다.

• **특별실이나 야외용 구호**

수업 상황에 따라 말로 하는 집중 구호가 잘 들리지 않거나, 교사가 말을 하기 어려운 상황이 있을 수 있다. 이때를 대비하여 박수나 종소리를 이용한 약속을 하나 정해두면 좋다. 특별실이나 야외에서 다른 반과 함께 수업

할 때도 장소가 넓어서 교사의 목소리가 잘 들리지 않는다. 그래서 구호보다는 호루라기 소리의 횟수나 길이, 박수의 횟수로 약속을 정해두면 좋다. 박수 한 번 멈추고 선생님 보기, 박수 두 번 자리에 앉기, 박수 세 번 두 줄 서기 등으로 약속을 정할 수 있다.

학습 자료를 활용할 때는 헷갈리지 않게

수업 자료를 설명할 때도 학생들이 가지고 있는 자료와 똑같은 자료로 설명한다. 1학년 아이들은 자신이 가지고 있는 자료와 교사가 가지고 있는 자료가 조금만 달라도 관심이 자료의 차이점으로 넘어가거나 또는 어디를 설명하고 있는지 혼란스러워 한다. 그래서 프레젠테이션 자료로만 설명하기보다는 자료를 함께 보면서 전자칠판이나 실물화상기를 사용하는 것이 더 효과적이다.

먼저 설명한 후 학습 자료를 나눠주기

학습 자료는 교사가 먼저 설명한 후에 나누어 준다. 1학년 아이들은 손에 뭔가를 가지고 있으면 그것에 호기심이 가기 때문에 모든 학습 자료는 설명 후에 나누어 주거나 꺼내도록 한다. 그렇지 않으면 학습 자료에 온 관심이 쏠려 설명을 듣지 않을 가능성이 높다. 활동지나 교과서도 마찬가지이다.

배울 문제가 무엇인지 함께 읽고 시작하기

1학년은 글자를 잘 읽지 않거나 글자를 몰라서 활동에 집중하지 못하는 경우가 많다. 그래서 활동이나 교과서의 문제를 해결하기 전, 교사와 함께 지금 이시간 배울 문제를 읽고 중요한 부분에 표시하면 좋다. 교사와 문제를 함께 읽는 습관은 다른 학년에 올라 가서 공부할 때도 큰 도움이 되기 때문에 1학년 때 연습하는 것이 필요하다.

활동 결과물을 공유하고 서로 칭찬하기

학습 활동 후 결과물을 공유하고 칭찬하는 시간을 가지면 좋다. 1학년은 다른 친구들의 발표에 집중하는 것을 어려워한다. 그런데 활동 후 친구의 발표 내용이나 활동 내용에 대하여 칭찬하는 시간을 가지면 친구의 잘한 점, 칭찬할 점을 찾기 위해 자연스럽게 경청하게 된다. 이때 친구의 발표를 경청하고 적절한 칭찬을 한 학생을 교사가 칭찬해주면 그 효과는 배가 된다.

놀이 수업은 목적을 분명하게 알려주기

놀이 수업 전에는 배려, 협동 등 놀이의 목적을 반드시 안내한다. 1학년은 승부욕이 매우 강하다. 술래에게 잡히거나 놀이에서 지면 울거나 화내는 아이들도 많다. 즐겁고 행복한 놀이가 되기 위해서는 놀이의 목적을 시작 전 꼭 알려줄 필요가 있다. 1학년 놀이 수업의 주요 목적은 배려와 협동, 끈기와 우정을 배우는 것이다. 이러한 목적을 알려주고, 아이들이 목적에 맞게 놀이 수업에 잘 참여했다면 활동을 마무리할 때 칭찬을 해준다. 평화로운 놀이 수업을 만들 수 있을 것이다.

놀이 수업에 꼭 필요한 준비와 정리 활동

- **놀이의 목적 안내하기**

1학년 놀이 수업의 목적은 알맞은 신체 활동을 하면서 친구들과 사이좋게 놀이하는 방법을 배우는 것이다. 이러한 수업의 목적을 사전에 학생들에게 꼭 안내한다.

- **놀이할 때 지켜야 할 예절 약속하기**

  놀이를 할 때 예절을 지키지 않는다면 어떤 문제가 일어날 수 있을지 아이들에게 물어보고 필요한 예절을 아이들이 스스로 정하고 약속할 수 있도록 하면 좋다. 약속이 지켜지지 않았을 때 놀이 활동 멈춤 약속하기 앞에서 약속한 것들이 지켜지지 않았을 때 놀이 활동을 멈출 것을 미리 일러둔다.

- **승/패에 따라 행동 약속 정하기**

  승리한 팀은 진 팀에게 격려의 박수를 보내고, 패한 팀은 이긴 팀에 칭찬의 박수를 보내는 등 놀이 결과에 따른 행동을 미리 약속하고 이러한 부분을 잘 지켰을 때 칭찬한다.

- **놀이 활동 돌아보는 시간 갖기**

  놀이 활동 시 우리 반이 잘한 것과 고치면 좋을 점을 이야기 나눈다. 이러한 시간을 가지면 활동 중 일어났던 갈등도 해결할 수 있고, 다음 놀이 활동 수업에서 개선해야 할 부분을 찾을 수 있다.

글을 읽는다는 것, 그것은 세상과의 소통이다.

제4장

1학년 제1의 사명, 한글 해득

1학년 제1의 사명,
한글 해독

요즘 1학년의 한글 해득 현황

1학년 담임을 맡고 나서 가장 먼저 살펴 보는 것 중 하나는 학급 아이들의 한글 해득 여부다. 십여년 전만 해도 1학년 학부모들의 큰 걱정거리 중 하나는 "우리 아이가 아직 한글을 못 뗐어요"였다. 학교에 입학하기 전 한글을 어느 정도 읽고 쓸 수 있어야 한다는 생각이 보편적인 시대였고, 학급에 한글을 읽지 못하는 학생이 많지는 않았던 것 같다. 그래서인지 한글을 떼지 못한 아이의 부모는 마치 큰 죄를 지은 양 담임 교사에게 미안해했다. 하지만 요즘 1학년 교실은 예전과 사뭇 달라졌다. 1학년 교육과정에서 한글의 기초부터 하나하나 가르쳐야 한다고 생각하는 게 보편적인 상황이 되었다.

한글 지도 방법의 양대 산맥

한글 지도 방법에는 크게 '의미 중심 지도법'과 '발음 중심 지도법'이 있다.

의미 중심 지도법

의미 중심 지도법은 글 전체의 의미 파악에 중점을 두고 문장이나 낱말을 하나의 단위로 하여 총체적으로 접근하는 방법이다. 즉, 줄글 읽기를 통해 자연스럽게 글자를 통째로 배우도록 지도하는 방법이라고 할 수 있다. 제안된 낱말이나 문장의 반복적 제시와 그림을 통해 의미를 파악하게 한다. 예를 들면 '아빠', '엄마', '과자' 등의 낱말을 중심으로 지도하거나 '둥근 해가 떴습니다' 등의 문장을 반복적으로 제시하여 해당 낱말이나 문장의 의미를 이해하고 기억하게 하는 데 중점을 둔다.

이 방법은 학생이 생활 속에서 익숙하게 접한 낱말이나 문장을 중심으로 지도함으로써 학생의 흥미와 관심을 끌 수 있다는 장점이 있다. 반면, 정확한 글자의 발음을 지도하기 어렵고, 배우지 않았거나 기억나지 않는 글자는 제대로 읽을 수 없어 추측을 통해 읽게 된다는 단점이 있다.

발음 중심 지도법

반면 발음 중심 지도법은 글자의 모양과 소리의 연합, 즉 자음과 모음이 만나 하나의 글자를 이루는 한글의 구조에 중점을 두어 지도하는 방법이다. 훈민정음 창제 원리와 연결하여 지도할 수도 있다. 'ㄱ'에 'ㅏ'를 더하여 '가'가 되고, 'ㄴ'에 'ㅓ'를 더하여 '너'가 되며, '가나다라마바'의 음절에 받침을 붙이면 '각낙닥락막박'이 되는 등 일정한 규칙에 따라 글자가 완성됨을 지도한다.

한글은 매우 체계적이고 논리적인 발음 규칙이 있어서 기본적인 규칙성을 이해하게 되면 모든 글자를 읽을 수 있다는 장점이 있다. 하지만 어린 연령의 학생들에게는 한글의 발음 규칙에 대한 이해가 다소 어렵고 지루하여 학생의 흥미와 관심을 지속적으로 유지하기가 쉽지 않다. 또한 문자 자체를 읽는 것에 집중하게 됨으로써 글 전체의 의미를 파악하는 것에 어려움을 느낄 수 있다.

현재의 2022 개정 교육과정에서는 문해력이 사회적 이슈로 부각됨에 따라 한글 교육이 더욱 강화되었다. 초등학교 1~2학년의 국어 수업 시수도 대략 주당 7시간으로 증가되었다. 또한 통문자를 통한 의미 중심 지도법의 단점을 보완하기 위해 발음 중심 지도법과의 절충을 강조한다. 놀이를 통해 간단하고 친숙한 기본 어휘를 통째로 제시하여 익히게 하는 의미 중심 지도와 자음자와 모음자, 글자의 짜임을 익히는 발음 중심 지도를 병행하고 있는 것이다. 이는 책 읽기를 통한 읽기 교육을 강조하면서도 동시에 글자와 소리의 관계를 탐색하는 것이 꼭 필요함을 시사한다.

한글 해득 지도 사례

• 의미 중심 지도, 통문자 지도로 쉽게 해득하는 경우

오래전 어린 딸에게 한글을 가르쳤던 방법은 의미 중심의 그림책 읽기였다. 딸의 관심을 끌 수 있는 다양한 그림들과 짧은 문장이 적힌 쉬운 책을 매일 꾸준히 읽어준 것이다. 재미있는 이야기와 그림들로 가득한 그림책을 아이는 무척 흥미 있어 했고, 계속 또 읽어달라고 졸랐다. 그렇게 꾸준히 간단한 낱말들과 문장들을 반복해서 읽어준 결과 아이는 금세 그림책의 문장들을 외워가며 한글을 깨쳤다.

그러한 경험으로 둘째 딸에게 한글을 가르칠 때는 생활 속에서 친숙한 낱말들을 벽이나 유리창에 붙여놓고 소리내 읽어보게 했다. 잠들기 전에는 머리맡에 앉아 그림책을 읽어주거나 이런저런 옛이야기를 들려주는 것이 중요한 일상이었다. 그렇게 틈틈이 그림책을 읽어주었더니 어느 순간 딸은 쉬운 그림책을 막힘없이 술술 읽어 내려갔다. 딸들과의 한글 공부 경험을 통해 그림책이나 짧은 이야기가 한글을 익히는 데 매우 효과적이라는 것을 깨닫게 되었다. 이 경험은 한글을 깨치지 못한 1학년 학생들의 지도에 그대로 적용되었다.

한글을 잘 읽지 못하거나 쓰지 못하는 아이의 학부모와의 상담에서 빼놓지 않았던 조언은 "아이에게 매일 책을 읽어주세요"라는 당부였다. 많은 1학년 학부모에게 이 조언은 큰 효과를 발휘하였다. 학교와 가정에서 꾸준히 책을 읽어준 결과, 몇 달 만에 쉬운 책을 무리 없이 읽는 모습을 여러 해 동안 지켜보며 통문자를 통한 의미 중심 지도법의 열혈 신봉자가 되었다.

- 통문자를 통한 의미 중심 지도만으로 해득이 어려운 경우

그러던 중, 태양이(가명)를 만났다. 첫 국어 시간, 태양이는 교과서를 읽는 데 큰 어려움을 보였다. 더듬더듬 느리게 읽는 것은 물론, 조사나 낱말을 빠뜨리고 읽거나 마음대로 추측해서 읽기도 했다. 지역 기초학력 지원센터를 통해 「초등학교 저학년용 한글 해득 수준 진단 도구」[3], 「KOLAR 낱말 읽기 유창성 검사」[4], 「100어절 읽기」[5] 등의 총 3가지의 읽기, 쓰기 관련 검사를 함께 실시한 결과 전체적인 음운인식 능력이 부족했고 난독의 가능성이 높았다.

난독은 신경학적 원인에 의한 특정 학습장애로 단어를 정확하게 인지하지 못하거나 철자를 잘못 쓰고, 문자 해독을 어려워하는 경우를 말한다. 난독증을 가진 아이는 글을 읽을 때 글자 자체를 해독하느라 너무 많은 에너지를 쓰게 되므로 글의 내용을 이해할 만한 여력이 없다.

---

3 한국교육과정평가원.(2017). 초등학교 저학년용 한글 해득 수준 진단 도구, 서울:한국교육과정평가원. https://oncne.or.kr/onchaeum/library 또는 https://k-basics.org/ 등에서 다운로드 받을 수 있다.

4 배소영, 김미배, 윤효진, 장승민.(2015). KOLAR 한국어 읽기검사, 서울:학지사심리검사연구소.

5 100어절 읽기 검사는 약 100어절 정도 되는 이야기글 또는 설명글을 선택하여 학생에게 소리 내 읽어보게 하고 그 내용을 녹음한 다음, 1분 동안 정확히 읽은 어절 수를 파악하는 방법이다. 읽기 유창성 향상을 위한 교재 「따스함」 시리즈에 있는 간단한 검사 도구를 활용할 수 있다.

따라서 이해력이 부족해 보일 수 있지만 누군가가 글을 대신 읽어주면 충분히 이해를 잘할 수 있다. 난독증은 학령기 초기에 발견하여 음운 인식 훈련과 체계적인 발음 연습, 해독 및 유창성 훈련 등의 적절한 읽기 교육을 받는다면 대부분 극복하거나 어려움이 최소화될 수 있다고 한다.

태양이의 경우 다행히 난독증으로 판명되지는 않았으나, 꾸준한 읽기 교육이 필요한 것은 분명했다. 따라서 부모님과 상담 후 태양이와 매주 방과 후에 한글 공부를 하기로 했다. 태양이의 한글 읽기 상태를 살펴본 결과, 추측 읽기가 매우 많았다. 심지어 같은 글자인데도 다른 읽기 상황에서는 바르게 읽지 못했다. 통문자 위주의 학습으로 한글을 떼고 그림책을 통해 읽기에 대한 자신감을 가지고 즐겁게 책을 읽던 많은 1학년 학생들과는 사뭇 다른 모습이었다.

의미 중심 지도법의 한계를 맞닥뜨린 기분이었다. 태양이는 통문자로만 한글을 익혔다. 의미 중심 지도법이 음운 인식 능력이 낮은 학생의 경우엔 자칫 추측 읽기로 흐를 수 있다는 말은 바로 태양이의 경우를 두고 한 말이었다. 기초 문해력 연수를 통해 의미 중심 지도법의 단점을 알고 있었기에 태양이에겐 발음 중심의 한글 교육이 필요하다는 생각이 늘었다. 그래서 관련 교재를 준비하여 꾸준히 글자와 소리의 대응, 자음과 모음의 발음, 받침소리의 발음 방법 등을 지도했다.

한글의 발음이 매우 규칙적이고 체계적인 데다 기대 이상으로 성실하게 집중력을 보여준 태양이는 자음, 모음, 받침소리의 특징에 대해 잘 이해하게 되었다. 아직 완벽하고 유창한 읽기가 가능하다고 보기는 어렵지만, 불분명했던 발음이 처음과는 확연히 달라졌다. 한글의 발음 규칙에 대한 이해가 태양이의 자신감을 높여준 덕분일 것이다. 이를 바탕으로 의미 중심 지도법과 절충하여 다양한 읽기 그림책을 활용해서 꾸준히 한글 읽기 훈련을 하고 있다. 머지않아 국어 시간에 유창하게 글을 읽는 태양이의 모습을 보게 되리라 기대하고 있다.

교실에서의 한글 교육

그림책 읽어주기

1학년 담임 교사로서 한글 교육은 전체 교육과정에서 상당히 중요한 부분 중 하나다. 한글에 대한 이해를 돕기 위해 다양한 놀이와 교구, 그림책과 각종 동영상 등이 총동원된다. 2022 개정 교육과정의 1학년 1학기 국어 교과서는 글자 놀이, 모음자 놀이, 자음자 놀이 등의 다양한 한글 놀이로 시작한다. 아이들이 최대한 한글을 재미있고 친숙하게 느낄 수 있도록 고심한 흔적이 가득하다.

다양한 한글 교육을 위한 방법 중 가장 강조하고 싶은 것은 '그림책 읽어주기'이다. 학생들이 생활 속에서 자연스럽게 한글을 습득할 수 있도록 하려면 무엇보다 책을 많이 읽어주는 것이 중요하다. 1학년의 발달 단계에 맞는 다양한 그림책을 읽어주고, 책을 가까이하는 환경을 만들어 줌으로써 책을 좋아하게 만드는 것이 한글 교육에 필수적이다.

따라서 매일 꾸준히 다양한 그림책을 읽고 말놀이와 재미있는 동시들을 낭송하는 활동은 그 자체로도 큰 의미가 있지만 동시에 한글 교육과의 연계성 측면에서도 매우 중요한 교육 활동이다. 학교생활 틈틈이 좋은 그림책을 많이 읽어주고, 동시나 말놀이가 일상적인 습관이 된다면 아이들은 자연스럽게 한글을 습득하게 될 것이다. 그것은 한글 교육에서 의미 중심 지도를 잘 실천한 사례가 될 수 있다.

교재 활용하기

하지만 위의 한글 해득 시노 사례와 같은 의미 중심 지도법의 한계도 염두에 두어야 한다. 음운 인식 능력은 학생마다 개인차가 있고, 명확한 발음 방법과 규칙 등에 대한 기본적인 이해가 바탕이 되어야만 비로소 한글 문해력을 확보할 수 있기 때문이다.

따라서 1학년 학생들의 한글 지도는 생활 속에서 자연스럽게 한글을 습득할 수 있는 환경을 토대로 발음 중심 지도법과 관련이 있는 『찬찬한글』, 『1학년 첫 배움책』, 『따스함』 등의 교재를 병행하여 지도하는 것이 더욱 효과적이다. 또한 한글에 대한 흥미를 잃지 않고 즐겁게 공부할 수 있도록 다양한 한글 교구를 활용하거나, 여러 동시를 모아 작은 동시집으로 만들어 낭송해보고 바른 글씨로 따라 써보는 활동도 좋다.

이와 같이 교과서와 교재, 그림책, 동시 등을 중심으로 한 학기를 공부하고 나면 대부분의 어린이는 무리 없이 한글을 읽고 쓸 수 있다. 한글의 구조와 발음 규칙에 대한 이해를 바탕으로 그림책과 동시집 등을 통해 한글 문해력이 강화되기 때문이다.

한글 교육과 기초 문해력 지도를 위한 책 소개

의미 중심 지도법 교재 및 그림책

한글 교육을 위한 교재는 시중에 정말 많다. 그중 지난 몇 년 동안 직접 학생들과 함께 공부한 교재와 그림책을 소개한다. 앞에서 언급한 바와 같이 처음 한글을 지도할 때, 친숙한 일상생활을 그림과 글로 표현한 쉬운 책들을 구입하여 학생들에게 꾸준히 읽어주었고 함께 읽었다.

대표적으로는 『책 발자국 K-2 수준 평정 그림책 시리즈』를 들 수 있겠다. 『책 발자국 K-2 수준 평정 그림책 시리즈』는 유치원부터 초등학교 2학년까지의 읽기 발달 수준을 어휘와 어절의 수준으로 나누어 14단계로 구성한 총 47권의 책이다. 레벨 0단계 <마트, 얼굴, 의자, 집> 책부터 레벨 13단계 <개, 연오랑과 세오녀>까지 매우 정교하면서도 연속적인 단계로 수준이 구분되어 있고 흑백의 그림들이 인상적이다. 또한 학생의 흥미와 관심을 고려한 내용 구성도 무척 알차서 교실에서 한글 읽기 그림책으로 사용하기에 적합하다. 오래된 읽기 그림책으로는 아이코리아몰의 『쉬운 책』 합본 시리즈도 많이 추천하는 책이다. 쉬운 문장과 친숙한 그림이 1학년 생활과 연관된 내용으로 흥미를 끌어 읽기에 재미를 붙일 수 있게 도와준다.

또 받침 글자가 전혀 없는 단어로 구성된 문장들로 이루어진 『받침 없는 동화』는 구체적 맥락 없이 글자나 단어를 배우는 것을 지루해하는 아이에게 이야기의 재미를 전해 주는 책이다. 자음과 모음의 결합 원리를 익히고, 자연스럽게 이야기의 흐름을 따라가며 읽기 자신감을 높일 수 있다. 이밖에 문장이 길지 않은 대부분의 그림책은 읽기 교육에 활용하기에 안성맞춤이다. 요즘은 초등 1학년 학생들이 재미있게 읽을 수 있는 그림책을 쉽게 찾아볼 수 있다. <괜찮아 아저씨>, <다다다 다른 별 학교>, <내 이름>, <선생님은 몬스터>, <짝꿍>, <틀려도 괜찮아>, <강아지똥>, <알사탕>, <민들레는 민들레>, <수박 수영장> 등의 그림책들은 학생들이 특히 좋아했던 책들이다. 그 외에 온라인 읽기 그림책 「두루책방」의 그림책들도 학생들이 흥미 있어 할만한 주제로 다양하게 구성되어 있고, 직접 소리 내 읽어주기 때문에 읽기 지도용 그림책으로 적합하다.

발음 중심 지도법 교재 및 그림책

발음 중심 교재로는 초등학교 한글 해득 프로그램 『찬찬한글』과 『읽기 자신감』 시리즈를 추천한다. 『찬찬한글』은 현재 1학년 학생들을 위한 한글 교재로 이미 전국의 많은 학교에서 사용하고 있을 만큼 현재 한글 지도 교재의 대세로 보인다. 귀여운 캐릭터와 함께 한글 모음과 자음의 소릿값을 체계적으로 익힐 수 있는 교재이다. 또한 유튜브 동영상과 익힘책도 활용할 수 있어서 한글 발음지도 교재로 큰 호응을 얻고 있다.

『읽기 자신감』시리즈는 총 6권의 단계별로 구성되어 있는데 『찬찬한글』과 마찬가지로 발음 중심 문해 프로그램이다. 읽기 부진 또는 난독증이 있는 학생에게 많이 사용되며 실제 큰 성과가 있다고 보고된 책이다. 모음과 자음의 정확한 말하기와 듣기부터 시작하여 점차 음절, 단어, 문장, 단락 순서로 진행되는 상향식 모형을 따르고 있다.

이외에 읽기 유창성을 강화할 수 있는 『따스함』교재도 널리 쓰이고 있다. 교육청 지원사업으로 교재를 지원받아 학급의 전체 학생들이 『따스함』으로 매일 소리 내어 반복 읽기를 진행해 본 결과, 읽기 유창성이 크게 향상되었던 경험이 있다. 이 책은 기초편 1, 2권과 실력편 봄, 여름, 가을, 겨울로 나뉘어져 있고, 온라인으로 시범 읽기 음원도 제공하고 있어서 가정과 학교에서 병행하여 학습하기에도 효과적이다. 꾸준한 연습으로 학생들이 물 흐르듯 자연스럽게 한글을 읽는 모습을 보면 『따스함』이 한글의 유창성 향상에 매우 유익한 교재라는 생각이 든다.

또한 한글의 자모, 자소-음소의 대응 규칙, 발성 기관의 모양과 소리의 특징을 바르게 이해할 수 있도록 돕는 그림책도 있다. <동물이랑 소리로 배우는 훈민정음

아야어여>, <꽃이랑 소리로 배우는 훈민정음 ㄱㄴㄷ>은 글과 그림을 통해 한글의 창제 원리를 알려주는 그림책이다. 특히 한글을 즐겁게 익힐 수 있는 책인 <한글이 그크끄> 시리즈는 한글의 창제 원리를 담아 누구나 쉽게 흥미를 갖고 움직이며 탐구해 볼 수 있도록 만들어져 있어 마치 교구처럼 활용할 수도 있다. 비슷한 맥락에서 자음과 모음, 받침들을 다양하게 조합해 가며 한글의 발음 규칙을 연습할 수 있는 <가나다 요술책>도 매우 유용하다.

<노는 게 좋은 ㅡ.ㅣ>, <자음의 탄생>도 한글의 모음과 자음의 탄생 원리를 재미있고 알기 쉽게 설명해 주고 있는 책이며 <엄마소리가 말했어>는 한글 자음들의 고민에 대해 엄마와 아이가 대화를 나누는 형식으로 따뜻하게 위로하고 공감하는 그림책이라 더 큰 울림을 준다.

한글의 특성을 살려 말의 재미를 느끼게 해주는 책 중에는 <최승호 시인의 말놀이 동시집>, <최승호 방시혁의 말놀이 동요집>, <박성우 시인의 의성어 의태어 낱말 동시집> 등이 대표적이며, 리듬감 있는 운율과 아름다운 감성을 함께 담은 시 그림책 <달팽이 학교>, <시리동동 거미동동>, <영이의 비닐우산>, <넉 점 반>, <준치가시> 등도 매우 훌륭하다.

또 『어서 오세요! ㄱㄴㄷ 뷔페』, <뭐든지 나라의 가나다>, <고구마구마>, <가나다는 맛있다>, <코끼리가 수놓은 아름다운 한글>, <훨훨 간다> 등도 말놀이를 통해 한글을 쉽게 익힐 수 있도록 돕는 좋은 그림책이다. 이런 교재의 활용으로 학생들은 한글 습득뿐 아니라 학교생활 틈틈이 말놀이와 동시를 함께 읽고 낭송하는 경험을 하며 오래도록 잊을 수 없는 좋은 추억을 쌓을 수 있다.

글을 읽는다는 것

글을 읽는다는 것, 그것은 세상과의 소통이다. 갓 초등학교에 입학한 1학년 학생들은 한글을 읽고 쓸 줄 알게 되면서부터 새로운 세상의 문을 열게 된다. 학생들이 세상으로 나아가게 돕는 첫 번째 안내자가 바로 1학년 담임 교사다. 그들이 만나는 세상은 어떤 곳일까? 아마도 호기심과 모험으로 가득한 곳일 것이다. 첫 안내자로서 아이들에게 한글이라는 멋진 도구를 건네주기 위해서는 무엇보다도 한글을 좋아하게 만들어야 한다. 한글을 익히는 것을 힘들고 귀찮은 일이 아니라 재미있는 경험으로 느끼게 하는 것이 중요하다. 억지로 하는 공부가 아니라 자연스럽게 습득하게 하려면 교사가 먼저 기쁜 마음으로 책을 읽어주고 동시와 말놀이도 함께 즐겨야 한다. 끊임없이 격려해주고 따뜻하게 바라봐 주고, 배움의 여정을 즐기며 꾸준히 나아갈 수 있도록 좋은 습관을 만들어 주는 노력이 필요하다.

학생 대다수 한글을 깨친 이후에도 여전히 글 읽는 것을 어려워하는 학생이 있다면 개별 학습이나 보충 지도를 통해 적극적인 도움과 관심을 줄 수 있다. 초등 1~2학년 시기에 한글을 떼지 못하면 고학년이 되었을 때 더 큰 학습 격차와 심각한 정서적 어려움이 초래될 수 있기 때문이다. 학생이 배움에 대한 호기심과 흥미를 잃지만 않는다면 한글을 익히는 것은 그리 어렵지 않다. 조금 느리더라도 포기하지 말고 아이를 믿어주자. 믿음과 관심을 받고 공부한 어린이는 마침내 깨달음의 눈빛으로 교사를 향해 환하게 웃어 줄 것이다.

1학년도 10분은 앉아 있을 수 있다.

제5장

슬기로운 학교 생활 지도

슬기로운 학교 생활 지도

하루에 한 가지씩, 3월 내내

1학년 아이들을 지도 할 때 중요한 것 중 하나는 기본 생활 습관을 잘 만들어 주는 것이다. 1학년 때 기본 생활 습관이 잘 다듬어지고 학교생활에 적응한 아이들은 이후에도 즐겁게 공부하고 친구들과 잘 지낼 수 있다. 하지만 1학년 때 규칙을 무시하고 자기 고집대로 하며 기본 생활 습관을 익히지 못하면 다음 학년에서 더 큰 노력이 필요하다.

처음부터 아이들과 학급 약속을 만들기는 어려우므로 교사가 '학교에서 하지 말아야 할 행동과 올바른 행동'에 대한 규칙을 하루에 한 가지씩, 일주일에 걸쳐 알려준다. 가장 간단하면서도 교실에서 꼭 지켜야 하는 규칙을 약속으로 정하고 예시와 반복으로 매일 알려준다. 다섯 가지 규칙을 3월 내내 익히면 아이들도 잘 익힐 수 있다. 같은 이야기를 한 명에게 열 번씩 듣고, 말한다는 마음으로 하루를 보내면 1학년 담임도 할 만하다. 1학년은 반복이 답이다.

3월에 지킬 규칙 5가지 예시

1. 교실에 들어오면 자기 자리를 찾아서 앉고, 수업시간에 자리에서 일어나지 않기
2. 화장실은 쉬는 시간에 가기
3. 손 들고 선생님과 눈 맞추고 이야기하기
4. 교실은 운동장이 아니다. 복도나 교실 어디에서도 뛰지 않기
5. 자기 자리와 사물함에 물건 넣기

1학년은 호기심이 많아 집중력이 부족하지만, 루틴을 만들어 놓으면 오히려 다른 학년보다 더 빠르게 익히고 잘 지킨다. 이런 학년 특성을 잘 이해하면 교사로서 학급을 경영하는 데 도움이 되고 아이들은 자주적

인 생활 습관을 기를 수 있다.

같은 말 열 번 대신 한 번의 비유로

1학년 아이들을 지도하다 보면 "뛰지 말아라", "오른쪽으로 가라", "조용히 해라" 등 수도 없이 같은 말을 반복하게 된다. "화장실 가도 돼요?", "놀아도 돼요?", "물 먹어도 돼요?", "바탕색 안 칠해도 돼요?" 등등 같은 질문도 계속 받는다. 처음 한두 번은 친절하게 답해주지만 계속 반복되면 교사도 지치고 고운 말이 안 나가게 된다. 질문한 아이 입장에서는 당황스러울 수도 있다. 그냥 질문한 것인데 선생님이 화를 낸다면 아이는 자신이 잘못했다는 느낌을 받을 수도 있을 것이다.

어린이집 선생님이 유아들을 인솔하는 모습을 보면 아이들을 모아 앉힐 때 '바짝바짝 앉으라'고 하는 대신 '친구랑 엉덩이 뽀뽀'라고 하기도 한다. 비유로 알려주는 참 좋은 방법이다. 1학년 아이들은 워낙 천천히 걷기를 어려워해서 매일 잔소리를 해야 한다. 천천히 걸으라고 하는 대신 "구름처럼 조용히 천천히 갔다 오자"고 하면 그날은 복도에서 '우다다' 뛰는 소리가 들리지 않는다. 복도에서는 오른쪽으로 걸으라고 얘기해도 잘 모른다. 그래서 '복도 바닥에 붙은 우측통행 화살표를 따라가라'고 하거나 그래도 잘 못 지키는 경우에는 "임금님은 절대 뛰지 않지. 천천히, 항상 화살표를 따라 걷지!" 라고 하면 아이들은 너무 멋지게 걷는다. 이렇게 1학년 아이들은 그림을 떠올릴 수 있는 말을 잘 이해한다. 그리고 한번 이해하면 잘 따른다.

10분 앉아 있기 연습

3월엔 10분 동안 스스로에게 집중하는 연습을 시작한다. 사실 1학년에게 10분은 정말 긴 시간이다. 하지만 1학년도 10분은 앉아 있을 수 있다. 화장실도 미리 다녀오고, 물통도 가방에 집어넣고, 10분 동안 움직이지 않고, 두리번거리지 않고, 친구와 선생님에게 질문하지 않고, 앉아서 무엇인가를 해 보게 한다. 오롯이 엉덩이로 한 자리를 지키는 연습을 시작하는 것이다. 그림을 그려도 되고, 글을 읽을 줄 알면 읽고 싶은 책을 읽어도 된다. 초반엔 조용한 음악을 들려주거나 10분 동안 가능한 그림 찾기, 미로 찾기, 그림 그리기 등 다양한 자료를 제공한다. 스스로 10분 동안 앉아 있을 수 있는 아이에겐 다른 과제나 책 읽기를 허용해 준다.

한 달간 교실에서 연습을 마치면 숙제를 낸다. 1학년 1학기의 유일한 숙제는 4월 말쯤 시작되는 '한 자리 10분 집중하기'이다. 미리 가정에도 안내문을 보낸다. 집에서도 움직이지 않고, 화장실도, 물 마시기도, 필요한 물건 가지러 가는 것도 하지 않고 10분 동안 앉아 있을 공간을 만들어 달라고 한다. 2학년엔 20분, 3학년엔 30분, 4학년엔 40분… 매년 한 자리 지키기 프로젝트이다. 요즘 같은 시대에 스마트폰 없이 온전히 할 일만 가지고 10분을 보내기란 쉽지 않다. 할 일 없이 1분, 5분, 10분 명상을 해 봐도 좋다. 요즘 아이들은 매체 없이 무언가에 집중하지 못하는데 이런 연습을 통해 집중력을 기르는 습관을 키울 수 있다.

정리와 집중의 상관관계

1학년의 경우, 학교생활이 처음이기 때문에 당연히 할 줄 아는 것이 없다고 생각해야 한다. 그래서 3월 초에 작은 것 하나라도 미리 알려주고 습관으로 만들어 놓으면 질문받는 횟수, 설명하는 횟수를 줄일 수 있다. 정리정돈도 마찬가지인데 수업 후나 쉬는 시간에 정리하는 것이 습관이 되면 좋다.

정리해야 할 물건이 무엇인지 정하는 것도 매우 중요하다. 1학년이 수업에 집중하는 것은 당연히 어려운 일이다. 그런 아이들을 위해 집중할 수 있는 환경을 만들어 주어야 한다. 1학년에게는 책상 위에 있는 모든 것, 심지어 책상과 의자까지 모두 다 장난감이 될 수 있기 때문에 책상 위 물건은 최소한으로 한다. 물통, 필

통, 필기구 등을 포함하여 현재 활동에 사용하지 않는 것은 모두 서랍이나 가방에 넣어두도록 한다.

필기구가 필요하지 않을 때는 필기구도 넣고, 교과서가 필요하지 않을 때는 교과서도 정리하는 것이 좋다. 물론 초반에는 넣었다 꺼내는 일이 번거롭기도 하고 시간도 오래 걸리지만, 한 번 습관을 만들어 놓으면 이후에는 넣고 꺼내는 것도 빨라지고 아이들이 다른 행동을 하는 상황도 줄어들게 된다. 보통 3월 한 달 정도 연습하면 금방 익숙해지기 때문에 꼭 3월 한 달 간 활동마다 책상을 정리하는 습관을 들여놓는 것을 제안한다. 깨끗한 책상은 1학년 수업 집중의 첫걸음이다.

활동 정리를 습관으로 만들 때 정리 방법과 시간을 정해놓으면 좋다. 예를 들어 '다 한 활동지는 파일함', '다 못한 활동지는 서랍 속 L자 파일', '필통과 물통은 가방', '교과서는 서랍', '가위와 풀은 사물함' 등으로 장소를 정해줄 수도 있고, '시계 마지막 숫자가 6이 되면 정리하기'와 같이 시간을 정할 수도 있다. 또한 만들기 수업 후에는 쓸고 닦기까지 하는 것을 약속하는 것도 좋은 방법이다.

아침 독서 시간에 미리 그날에 사용할 교과서를 서랍에 준비하고, 한 수업이 끝날 때마다 사물함에 다시 정리하도록 한다. 그리고 화장실에 다녀오기 전이나 쉬는 시간에 다음 수업 교과서를 미리 꺼내도록 연습한다. 그렇지 않으면 1학년과 제시간에 수업을 시작하기가 매우 어렵다. 3월 초에 정리와 준비 습관을 세우지 않으면 수업 시간 40분을 지키기란 불가능하다. 수업 시간이나 아침 독서 시간을 활용하더라도 정리와 준비 습관을 만들어 익혀야 한다.

줄서기와 기다리기

1학년은 줄을 서서 기다린다는 것의 개념을 잘 모르고 줄서는 방법도 모르는 경우가 많다. 여러 사람이 순차적으로 해야 하는 활동을 그냥 하라고 하면 여러 명이 한 번에 달려나가면서 다치거나 다투기도 한다. 그래서 3월에는 교사가 줄서는 방법을 알려주고 줄서는 규칙을 지키도록 연습하는 것이 필요하다. 처음 줄서기를 연습할 때는 앞 친구와 일정한 간격을 지키는 것을 연습해야 한다. 너무 멀지 않게, 또 너무 가깝지 않은 거리 감각을 익혀야 한다. 아이들이 거리를 가늠하기 어려워 할 때는 흰색 매니큐어, 라인 마커, 전기 테이프, 원마커 등 다양한 도구를 활용하여 서로 간의 거리 감각을 익힐 수 있게 도와준다.

줄서기의 기본을 익혔다면 다음으로는 다양한 상황에서 필요한 줄서기 방법을 익힌다. 학교에서 줄을 서야 하는 상황은 매우 다양하다. 대표적으로 급식을 받거나 정리할 때, 신발장이나 사물함에 갈 때, 화장실을 이용할 때, 특별실 이동을 위해 복도를 통행할 때, 선생님께 무언가를 받거나 제출할 때 등이 있다. 이때 상황에 맞는 줄서기를 연습해 두면 안전한 활동을 할 수 있다. 예를 들어 급식실로 이동할 때는 분단 순서 줄서기를, 특별실로 이동할 때는 번호 순서 줄서기를 연습하고, 선생님께 나가서 무언가를 받아와야 한다면 자리 앞뒤 순서대로 3~4명이 한 모둠으로 나와 줄을 서고 정리하고 들어가면 다음 모둠이 나와 줄을 서는 방식을 연습하는 것이다.

익숙해지는 데에 시간이 조금 걸려도 3월에 꾸준히 연습하면 나중에는 학생들이 스스로 순서대로 줄을 서서 활동하게 된다. 이러한 분위기가 형성되면 아이들끼리 줄서다가 다투는 일도 줄어들고 다치는 일도 거의 없어진다. 1학년은 줄을 서다가 부딪히면 다치거나 때렸다고 오해하는 경우가 많기 때문에 이런 사소한 갈등을 줄이는 것은 학급 운영에 큰 도움이 된다.

올바른 발표 습관 기르기

1학년은 발달 단계상 아직 자기중심적인 사고를 하므로 다른 사람의 말을 경청하는 데 어려움을 겪으며,

자신의 이야기를 하는 것을 무척 좋아한다. 다른 친구가 먼저 말을 하고 있는데 멀리서 자기 이야기를 하고서는 친구나 선생님이 내 말을 무시했다고 생각하는 경우도 많다. 이러한 오해를 방지하고 집중하는 수업 분위기를 형성하기 위해 수업 시간 모든 발표는 손을 들고 발언권을 얻고 난 후에 하도록 하는 것이 바람직하다. 물론 모든 대답을 손 들고 발표하도록 하는 것은 교사에게도 상당한 시간과 노력이 필요한 일이지만, 1학년의 경우 3월에 해당 습관을 꼭 길러야 한다. 다른 사람의 말이 끝날 때까지 기다리기, 손 들고 기다리기, 발언권 얻기, 일어서서 이야기하기 순으로 발표 습관을 익히도록 하면 좋다.

인사로 시작하고 끝 마치기

우리는 만나고 헤어질 때 꼭 인사를 한다. 인사는 사람들과의 관계의 시작이자 끝이라고 할 수 있다. 이러한 인사는 학급 생활에서 중요한 역할을 한다. 1학년의 경우 인사를 통해 교사와 학생 간 라포르(rapport)도 형성하고, 학교생활의 시작과 끝이라는 시간 개념을 배울 수 있다. 그뿐만 아니라 예절의 중요성도 배울 수 있다. 인사는 학급에서 교사와 학생 간 예의를 지키도록 교육하는 가장 기본적인 방법이다. 인사를 통해 아이들의 표정을 살피고 표정에 따라 간단한 대화를 하며 가정생활과 교우 관계도 관찰할 수 있다. 업무와 학급 일에 치이다 보면 아이들 한 명, 한 명의 얼굴을 살펴보기 쉽지 않은데 인사 시간에 관찰하면 빠지지 않고 모두를 살펴볼 수 있다.

등교 인사는 학생마다 등교 시간이 다르기 때문에 개별적으로 하면 좋다. 인사 방법을 정할 때는 학급 회의를 통해 공통 아침 인사를 정하거나 또는 아이들별로 자신이 하고 싶은 인사를 정해서 하게 할 수도 있다. 요즘 학급 경영에서 많이 하는 '가위바위보 인사'처럼 미션을 활용한 인사도 아이들이 재미있게 인사를 할 수 있는 방법이다. 중요한 것은 아이들이 스스로 인사를 하는 분위기를 만드는 것이다. 인사를 잘하는 학생을 칭찬하거나 교사가 재미있게 인사를 받아주면서 아이들 스스로 인사하는 것을 즐겁고 편안하게 느끼도록 한다.

하교 시에는 개별 인사도 가능하고 전체 인사도 가능하다. 하지만 보통 1학년 아이들은 하교 시간에 학원이나 방과후 수업으로 바쁘게 움직여야 하는 경우가 많기 때문에 전체 인사를 많이 활용한다. 전체 인사말은 학급 경영에 따라 월별로 주제를 정해서 해도 좋고, 1인 1역에 인사와 관련된 역할이 있다면 담당 아이들과 인사말을 정해서 할 수도 있다. 인사말을 정할 때에는 학교와 학급, 수업에 대한 긍정적인 인식을 기르기 위해 '행복한 하루였습니다', '즐거운 하루였습니다' 등의 긍정적인 언어를 사용하면 좋다.

5분의 매직: 이야기 나누기로 그날 감정 해소하기

1학년 아이가 학교에서 머무는 시간은 4시간 정도이다. 이 사이에 선생님 말씀에 울기도 하고, 친구와 다투기도 하고, 내 이야기를 다른 친구가 듣지 않았다고 투정을 부리기도 한다. 수많은 일이 이 시간 동안 교실에서 일어난다. 학교 일과가 끝나기 전 교사가 질문을 던진다. "오늘 학교에서 일어난 일, 겪은 일 중에 억울하거나 오늘 꼭 이야기 안 하고 가면 집에 가면 속상할 것 같은 사람? 모두 이야기하고 가기!" 집에 가기 전 5분, 서로 이야기 나누는 시간이다.

요즘은 학교에서 일어난 일이 가정으로 전달될 때 학부모의 오해를 부르는 일이 많다. 저학년은 전체 사건 중 자신이 겪은 부분적 감정이나 상황만을 전달하기 쉽다. 학부모는 아이 말만 듣고 사건을 상상하고 이해할 수밖에 없다. "친구가 내 말을 안 들어서 속상해서 울었다"는 자녀의 이야기를 전하는 학부모는 많다. 하지만 운동장에서 노느라 시끄러워서 아이의 이야기를 듣지 못했다는 상황에 대한 이해는 없다. 학부모는 우리 아이가 따돌림을 당하는 것은 아닌지 걱정을 하며 교실로 전화를 한다.

이런 오해와 속상함을 풀고자 집에 가기 5분 전, 아이들과 대화하는 시간을 가진다. 교사가 먼저 오늘 속상해서 집에 가서 잠이 안 올 것 같은 사람은 없는지 누구든 이야기 할 수 있도록 대화를 연다. 친구들에게 하고 싶은 말이나 선생님에게 하고 싶은 말을 하고 난 아이들은 학교에서의 사소한 감정을 털어내고 하교한다. 불필요한 오해가 쌓이거나 상황이 와전되지 않는다. 물론 마지막엔 "해결이 됐니? 속상한 것 없니? 선생님이 너 속상하지 않게 다 들어 줄게"하는 멘트도 잊지 않는다. 3월 초반에는 넉넉하게 10분 전 질문을 꺼내어 아이들과 대화한다. 저학년과 소통하는 방법 중 하나이다. 아이들이 한글 쓰기에 익숙해지고 하교 전이 바쁘다면 종이에 써 오는 방법을 쓰기도 한다.

이야기를 하다 보면 '해결되었다'는 느낌을 받게 된다. 감정이 켜켜이 쌓이지 않고 그날그날 해소되는 것이다. '다 해결되어야 집에 간다'는 우리 반 만의 의식으로 이야기 나누기를 하다 보면 실제로 해결되는 일도 많고, 적어도 불필요한 오해를 줄일 수 있다. 때로는 아이들이 집에 일찍 가고 싶어서 "우리 반은 그런 속상하고 싸울 일 없어요" 하기도 한다. 그럼 싸울 일 없다고 외치는 사이, 아이들은 무의식중에 '싸울 일 없구나, 다 해결됐구나' 하고 집에 가는 일도 많다.

 아이들 간에 갈등이나 다툼이 없었다면 오늘 학교에서 있었던 일 소감 나누기를 한다. 모든 학생이 꼭 한마디씩 하고 집에 가게 된다. '학교 마치기 5분 전 이야기 나누기'가 익숙하지 않은 초기엔 빈칸 넣기 문장으로 전체 연습을 해도 좋다. 오늘 기분이 특별히 안 좋은 친구를 발견하는 방법이자 이야기를 못 하고 집에 가는 아이들에게 말할 기회를 줄 수 있는 방법이다.

"나는 ____한 일을 오늘 겪었다. 기분이 ____다."

 이런 이야기 나누기가 어느 정도 익숙해지는 4월 말이 되면, 하고 싶은 말이 있는 사람 먼저 5명 내외로 말하게 한다. 물론 발표자가 없는 날도 있다. 이런 날은 '오늘의 기분'이나 '기억에 남는 수업'에 대해 한두 문장 정도를 말하게 한다. 말하기 어려워하는 아이부터 5명 정도 발표를 시키고 마무리한다.

갈등의 해결자보다 중재자

 학생 간 갈등이 일어났을 때 교사가 '이것은 이렇게

하고, 저것은 저렇게 하라'고 지시를 해서는 안 된다. 처음에야 교사가 정리해 주면 빨리 끝나지만 갈등이 반복되면 '선생님은 나에게 생긴 문제를 해결해 주는 사람'이 되어 버려서 스스로 해결할 수 있는 사소한 일까지 "선생님!"을 부르는 일이 벌어진다. 그렇다면 어떻게 해야 할까? 학생들에게 질문을 해보자. 1학년이어도 원하는 것이 있고 나름의 해결 방법도 생각해 낼 수 있다.

첫째, "어떤 일이 있었어?"이다. 이때 중요한 점은 교사가 정말 궁금해서 물어야 한다는 것이다. 학생들은 선생님 앞에 서면 긴장한다. 아무리 친절하고 천사 같은 선생님이어도 마찬가지다. 학생들이 쉬는 시간마다 선생님 근처에 와서 좋알좋알 이야기한다고 해서 선생님과 대화하기를 편하게 생각한다고 믿는 것은 착각이다. 최대한 혼내려는 의도가 없음을 전달하고 궁금하고 도와주고 싶은 마음으로 묻는 것임을 전달하자.

둘째, "그래서 속상했어?"이다. "속상했어?" 대신에 "억울했어?", "슬펐어?"도 가능하다. 학생의 마음을 한번 짚어주는 것이다. "마음이 어땠어?"라고 묻는 것이 가장 좋지만, 1학년이 대답하기에는 어려운 질문이다. 교사가 다양한 감정 낱말을 알고 있다면 콕 집어서 짚어줄 수 있겠지만 이 정도여도 충분하다. 스피노자 Baruch

Spinoza는 '고통스러운 감정은 우리가 그것을 명확하고 확실하게 묘사하는 바로 그 순간에 고통이기를 멈춘다'고 하였다. 정말로 그렇다. 교사가 학생의 마음을 읽어주면 학생은 어렴풋하게나마 자신의 감정을 알아채고 감정의 소용돌이에서 벗어나기 시작한다. 이제 생각하는 뇌가 일을 할 차례가 온 것이다.

셋째, "너는 어떻게 하면 좋겠어?"이다. 1학년에게 어려운 질문 같아 보이지만 1학년도 할 수 있다. 어른들보다 더 솔직하고 명확하게 말한다.

넷째, 교사의 개입이다. 불편을 느끼거나 피해를 본 학생이 위 3단계의 질문을 통해 이야기한 '자신이 겪은 상황 - 그 일에 대한 나의 감정 - 친구에게 바라는 점'을 상대 친구에게 구체적으로 말할 수 있도록 지도한다. 잘못을 한 학생에게는 자기 잘못을 인정할 수 있도록 지도하는 것이 중요하다. 예를 들어, 친구가 옷을 계속 잡아당겨 불편을 느낀 학생이 '구체적 상황과 그때 느낀 감정'을 이야기하면 상대방 학생이 "너의 옷을 잡아당겨서 미안해. 앞으로는 옷을 당기지 않고 네 이름을 부를게."라고 명확하게 사과하도록 지도하는 것이다. 사과를 받은 학생은 "정말 속상했어. 앞으로는

---

6 빅터프랭클. 이시형 역.(2020). 빅터 프랭클의 죽음의 수용소에서. 청아출판사.

말로 해주면 좋겠어."처럼 친구에게 바라는 것을 이야기한다. 이렇게 형식을 갖추어 화해하도록 지도하면 "미안해", "괜찮아"만 오가는 일이 반복되지 않는다. 학생들은 사과하는 방법과 사과를 받은 후 바람을 부탁하는 방법을 배울 수 있다.

학급의 갈등을 지도할 때는 모두가 함께 만든 규칙은 지켜야 한다는 것을 강조하면서 친구와 이야기를 통해 화해할 수 있도록 가르치는 것이 중요하다. 그러나 학급에서 지켜야 할 규칙을 어겨서 생기는 다툼이 아니라 옳고 그름 없이 서로 의견이 달라서 생기는 갈등이나 두 학생의 주장이 다른 경우에는 한쪽에게 잘못을 인정하도록 지도하기가 어렵다. 특히 1학년 아이들은 자기 몸을 스스로 조절하는 데 미숙하기 때문에 그로 인한 다툼이 생기기도 하고, 같은 갈등 상황이 반복되기도 한다. 그럴 때는 개인 상담을 통해 어떤 노력을 하면 조금 더 참고 배려하며 지낼 수 있을지 아이들과 의논하고, 꾸준히 실천하도록 지도하고 확인한다.

갈등 지도를 위해 학생들의 이야기를 들을 때 중요한 점은 공감하는 마음으로 듣되, 학생의 감정에 동화되어서는 안 된다는 것이다. 마치 처음 본 아이를 대하듯 양쪽의 이야기를 편견 없이 들어야 한다. 설령 그 학생이 평소 교사의 에너지를 가장 많이 소모하게 만드는 녀석이더라도 말이다. 안 그러면 교사도 모르게 선입견 때문에 듣기보다는 말을 더 많이 하게 되고, 나름 옳다고 제시한 해결책이 결국 학생들에게 억울함을 가중시킬 수도 있다. 그러면 나중에 다시 개입해야 하는 상황이 생긴다. 학생 간 갈등이 생겼을 때 어떤 일이 있었는지, 그때 각자의 마음은 어땠는지, 향후 어떻게 되기를 바라는지 질문하는 방식으로 학급 내 갈등을 중재해 보자.

느린 학습자가 1학년 때부터
칭찬받지 못할 이유는 없다.

제6장

1학년이어서 느린 걸까, 느린 학습자인 걸까

1학년이어서 느린 걸까, 느린 학습자인 걸까

손뜨개, 율동, 종이접기로 느린 학습자 발견하기

많은 학부모가 학교에 대한 기대를 품고 자녀를 입학시킨다. 우리 아이가 더 성장했을 테니 다른 모습을 보일 것을 바라기도 한다. 1학년 학부모를 만나다 보면 '우리 아이가 행동은 조금 느리지만 학교에 왔으니 금방 좋아질 것'이라는 기대를 갖고 있는 경우가 있다. 그러나 일주일 정도 아이들과 한글, 종이접기 등의 조작 활동을 하다보면 당장 좋아지기 어려워 보이는 아이들이 보인다. 이런 아이들 중에는 학년이 올라갈수록 자연스럽게 학습을 따라가는 것이 어려운 '느린 학습자'가 있을 수 있다. 느린 학습자를 찾는 데 꼭 학습지가 필요한 것은 아니다. 학습지 대신 손뜨개와 율동, 종이접기로 가늠해 볼 수 있다.

손뜨개

 손가락 다섯 개에 굵은 실을 걸어 손가락을 위아래로 반복하여 목도리를 뜨는 손뜨개 활동을 해보면 완성하지 못하는 아이가 한 해에 1~2명 정도 있다. 설명도 열심히 듣고, 활동도 열심히 하지만 뜨개실을 손가락 다섯 개에 걸지 못하고 '위로-아래로'를 이해하지 못한다. 손뜨개는 손과 머리의 협응, 그리고 패턴을 이해하는 구체적 조작기의 기본 활동이다. 열심히는 하지만 완성을 못 하는 아이는 다른 과목도 잘 이해하지 못하는 경우가 많다.

율동

 1학년 아이들은 몸을 움직이는 것 자체를 매우 좋아한다. 단순한 달리기 같은 체육활동이 아닌 간단한 반복적 리듬이 있는 노래에 맞춰 2박자 스텝을 밟으며 손뼉을 치는 율동을 시켜 본다. 쿵작쿵작, 왼발과 오른발 방향이 반대이거나 두발이 동시에 쿵쿵하고 있는 아이가 눈에 띈다. 단순히 몸이 느리거나 체육을 싫어하는 것이 아니다. 머리와 몸의 협응이 느린 경우다. 이런 친구들도 흥미를 잃기 전까지는 열심히 한다.

종이접기

어려운 종이접기보다 두세 번 정도 접어 완성이 가능한 대문 접기부터 시작해 본다. 물론 1학년 아이들에게 종이접기는 쉬운 일이 아니다. 능숙하게 작품을 완성하는 경우는 다섯 명 남짓이다. 종이접기가 어려운 친구들은 공간 감각이 부족하여 느린 경우가 많다. 세로로 접어야 하는데 가로로 접거나 두 번 접는 것을 둘둘 말듯이 접고 있다. 아마 느린 학습자들에게는 종이접기가 제일 어려울 것이다.

이렇게 한 달 남짓 기본적인 손뜨개, 율동, 종이접기 활동을 해 보면 나름 느린 학습자를 찾아낼 수 있다. 특수 아동이거나 산만하기 때문이 아니라 매우 열심히 하고, 선생님에게 질문도 하는 등 적극성을 보이지만 느린 친구들이 있다.

느린 학습자에겐 끊임없는 칭찬을

본격적으로 국어와 수학 학습을 시작하는 1학년 5

월쯤이 느린 학습자에게는 시련의 시간이다. 그동안은 글씨 쓸 일도, 수를 셀 일도 많지 않았는데 이제는 많은 것을 해야 한다. 학년이 올라갈수록 어려움이 생길 친구들이지만 느린 학습자가 1학년 때부터 칭찬받지 못할 이유는 없다. 최고는 아니어도 중간 정도의 학습까지는 반복과 연습으로 가능하다. 느린 학습자 친구들에게는 색연필로 그림이나 선을 긋는 활동 등 단순한 자료를 제공한다. 하나라도 해내면 "정말 잘했어. 조금 더 해볼까?"라고 말해주거나 칭찬 도장을 찍어주며 즉시 칭찬을 해 준다. 학습지도 일반 학습지의 60% 정도로 문제 수를 줄인 학습지를 제공하면 좋다. '나도 한 페이지를 다 풀었어'라는 성취감을 맛보게 하는 것이다.

'천천히 놀이'를 통해 느린 학습자와 함께하기

느린 학습자는 화장실 가는 것도 늦고, 책을 꺼내는 것도 늦고, 주변을 정리하는 속도도 느리고 구조화되지 않은 모습을 보인다. 일상 생활에서 또래 친구는 느린 학습자에게 중요한 역할을 한다. 교실에서 '천천히 놀이'를 시작해 본다. 학급 친구들 모두 함께 책을 책상에서 천천히 꺼내기, 느리게 연필을 꺼내서 천천히 또박또박 글씨쓰기, 천천히 걸어 다니기 등 '천천히~'

를 붙여 놀이처럼 교실 규칙이나 친구와 친해지는 방법을 익히는 훈련해 본다.

　느린 학습자에게는 '속도'보다 '반복'이 중요하다. 느리지만 반복으로 익숙해 지면 조금씩 속도도 빨라진다. '천천히 놀이'는 일반 학습자에게도 생활 습관과 규칙을 정확하게 익힐 기회가 될 수 있다. 학년이 올라갈수록 아이들의 글씨는 달리기하듯 빨라진다. 아이들의 마음도 급해지고, 할 일도 많아지기 때문이다. 하지만 1학년은 아직 천천히 배우고 바른 습관을 만들어 갈 수 있는 시기임을 잊지 말자. '천천히 놀이'를 다 같이 하다 보면 일반 학습자의 행동이 바르게 변하기도 한다. '천천히 놀이'를 할 때는 느린 음악을 들려준다. 교사도 학생도 느리게 걷고, 느리게 글씨를 쓰며 느린 학습자와 일반 학습자가 서로 친해지도록 한다.

아이들의 불안을 이해하고 아이들이
적응할 수 있도록 기다려 줄 필요가 있다.

제7장

"학교 가기 싫어요" 등교 거부 이유와 지도 방법

"학교 가기 싫어요"
등교 거부 이유와 지도 방법

등교 거부의 진짜 이유

1학년 1학기에 나타나는 학생들의 부적응 현상 중 하나는 등교 거부이다. 많은 아이들이 배가 아프다거나 머리가 아프다고 하면서 학교에 가기 싫다고 한다. 심한 경우 실제로 토하는 증상을 보이는 아이도 있다.

많은 부모들이 등교를 거부하는 아이를 어르고 달래다가 결국에는 담임 교사에게 도움을 청한다. 그러나 배가 아프거나 머리가 아픈 것 자체가 실제 등교 거부 이유는 아니다. 아이들이 말하는 표면적인 증상 뒤에 있는 진짜 이유를 알아야 아이를 도와줄 수 있다. 학생의 등교 거부 이유를 파악할 때 담임 교사가 꼭 기억했으면 하는 것이 하나 있는데 '내가 무엇을 잘못했기 때문에 학생이 등교를 거부하는 것이 아닐까?' 하는 마음을 가지지 않는 것이다. 담임 교사가 불안해 하고 조급해 하면 진짜 이유를 알아내기 어렵다. 자책보다는 상황을 객관적으로 바라볼 필요가 있다. 담임 교사는 학생의 등교 거부 문제 해결에 '도움을 주는 역할로 참여하면 된다'는 것을 꼭 기억하며, 학생의 등교 거부의 일반적인 원인을 살펴보도록 하자.

엄마랑 떨어지기 싫어요, 분리 불안

등교 거부를 하는 학생은 높은 확률로 분리 불안이 있을 수 있다. 분리 불안을 야기하는 이유는 다양하다. 주 양육자가 직장 생활 등으로 바빠 애착 형성이 온전하지 않은 경우나 형제가 많아서 자신이 온전히 사랑을 받지 못한다고 여기는 경우, 또는 부모가 큰 병으로 투병 중이거나 부모가 갈등 중으로 이혼 위기인 경우 등을 꼽을 수 있겠다.

애착에 문제가 있는 경우

애착 문제로 인한 등교 거부 사유를 좀 더 자세히 들여다보자. 주 양육자의 직장 생활로 아이가 영유아기

시절부터 기관에 맡겨졌거나, 아이를 멀리 떨어진 조부모에게 맡겼다가 주말에 만나고 헤어질 때 아이에게 상황을 일러주지 않고 사라져 버리는 것을 반복한 경우 애착에 문제가 있을 수 있다. 그러다가 학교 입학과 함께 부모와 아이가 함께 살게 된 경우, 아이들은 부모와 함께 시간을 더 많이 보내려 하고 떨어지는 것에 불안감을 느낀다.

양육자가 투병 중인 경우

주 양육자가 수술이나 치료로 입원을 한 경우, 아이는 매우 불안해 하면서 등교를 거부할 수 있다. 자신이 등교한 사이 아픈 보호자가 사라져 버리지 않을까 하는 불안이 투영된 결과이다.

가정에 불화가 있는 경우

부부간에 갈등이 많거나 별거 중인 경우, 부모가 상황을 말하지 않아도 아이들은 충분히 부모의 불화를 인지하고 있고 자신이 버려질지도 모른다는 불안을 가지고 있어서 학교에 오는 것이 어렵다.

이 불안감을 아이들이 말로 설명할 수 있다면 좋겠지만 1학년 아이들은 대체로 자신의 불안을 구체적으로 인지하지 못하는 경우가 많다. 따라서 그것을 설명하기도 어렵다. 그렇기 때문에 부모와 함께 충분한 대화를 통해서 원인을 찾아야 한다. 등교 거부는 주로 입학 초기인 3~4월에 많이 나타나는 증상인데 학부모 입장에서도 복잡한 가정 문제를 담임 교사와 솔직하게 이야기하기가 쉽지는 않을 것이다. 그래서 등교 거부 이유를 당장 찾아내기 어렵다.

일단 부모가 생각하는 등교 거부 원인을 물어보고 충분히 경청한 후, 즉시 판단을 내리기보다는 '잘 알겠다. 학교에서 아이를 잘 살펴보고 아이와 이야기 해 보겠다. 가정에서도 원인 파악에 힘써주시길 바란다. 금방 고쳐지지 않을 수 있지만 여유를 가지고 도와주시길 바란다' 정도로 1차 상담을 끝낸다. 부모 입장에서 하루하루가 몹시 어려울 수 있다는 점을 이해하고 학교에서도 도움을 주겠다는 인상을 주는 것이 필요하다.

그렇게 해야 2차 상담에서 진짜 가정의 이야기를 듣고 원인을 찾을 수 있다. 다소 공격적으로 자녀의 등교 거부 문제를 담임 교사의 탓으로 돌리는 학부모의 경우에도 담임 탓을 하고 싶다기보다는 등교를 거부하는 아이를 달래서 학교에 보내는 것이 힘들기 때문에 그러는 것일 수 있다. 원인을 정확하게 짚어주고 공감해 주면 대부분 감정적인 부분은 많이 수그러든다.

다음은 학생과 이야기 할 차례이다. 아이들은 자신의 마음이 왜 불안한지 모르는 경우가 많다. 이럴 때는 일상생활을 어떻게 하는지 가볍게 물어볼 수 있다. 아침밥은 먹는지, 하교하고 어떤 일정을 소화하고 있는지, 저녁 식사는 누구와 함께 하는 지, 잠자기 전 일과는 무엇인지, 잠은 누구와 자는지 등의 이야기를 들어보면 아이의 가정 생활의 많은 부분을 알 수 있다. 1학년의 경우 대화에서 충분한 정보를 얻기가 어려울 수 있는데 너무 걱정할 필요는 없다. 이 대화에서 아이에게 주는 진짜 메시지는 '선생님이 너를 많이 생각하고 걱정하고 있다'는 것이기 때문이다. 선생님과 일대일 대화를 나누고 나면 아이는 선생님과 각별한 관계를 맺었다는 부분에서 만족한다.

학생과의 상담에서 등교 거부 사유를 알아냈든 알아내지 못했든 다시 학부모와 2차 상담을 한다. 그러면 많은 부모가 '생각해 봤는데요 선생님' 하면서 이야기를 꺼낸다. 그 내용에 따라 학교에서 도움을 줄 수 있는 부분을 이야기하고, 가정에서 실천해야 할 부분도 이야기 나눈다. 대부분은 가정에서 실천할 내용들이 나오게 될 것이다. 양육자와 애착이 부족하고 형제가 있어 충분한 사랑을 받지 못하는 경우, 시간을 따로 내서 단둘이 데이트하기를 제안하거나 하루에 한번이라도 온전히 안아주라는 말씀을 드린다.

주 양육자가 아픈 경우, 아이의 등교 거부가 본인으로부터 비롯된 것이라고 자책하고 속상해하기도 한다. 그러나 오히려 아이에게 치료 계획을 자세히 알려 주는 것이 도움이 되고, 중요한 수술이나 입원 날짜 등을 교사에게 알려주면 아이가 특히 불안해하는 날 도움을 줄 수 있다고 안내한다. 부모의 치료 기간 동안 학교에서도 많은 관심과 사랑을 주겠노라고, 아이가 씩씩하게 이 과정을 잘 지나가게 될 것이라고 격려한다.

가장 어려운 상황은 가정 불화가 원인일 때이다. 이런 경우 학부모는 상황을 담임 교사에게 알리기 어렵고, 실제로 교사가 해 줄 수 있는 것도 많지 않다. 가정에서 어려움을 겪는 아이일수록 애정에 목마르고 담임의 작은 관심도 크게 느낀다. 부모의 사랑을 담임 교사가 주기는 어렵지만 다른 아이들이 눈치채지 못하게 '선생님이 너를 특별히 사랑한다'는 것을 따로 표현해 주는 것도 아이에게는 도움이 된다.

친구들이 나랑 안 놀아줘요, 교우 관계

학교에 오기 싫어하는 이유 중 대부분은 친구 관계 때문일 때가 많다. 이 경우 교사가 특히 주의를 기울이고 지켜보아야 한다. 자녀를 학교에 처음 보내고 가뜩이나 예민하게 살피고 있는 부모에게 친구들의 사소한 행동이 학교폭력 사안으로 받아들여질 수 있기 때문이다. 아이들은 상황 전체를 이야기하기보다는 자신이 피해를 당한 것만 부풀려서 이야기하는 경우가 많기 때문에 교사가 상황을 정확하게 알고 있는 것이 중요하다.

친구 때문에 어려움을 겪고 등교 거부까지 하는 학생들의 경우 몇 가지로 유형으로 나눌 수 있는데, 크게는 '친구가 괴롭혀요', '같이 놀 친구가 없어요', '친구들이 내 말을 잘 안 들어줘서 화가 나요' 유형이 있다.

친구가 괴롭혀요

친구가 괴롭히는 경우, 괴롭히는 학생을 등교 거부하는 학생과 분리 시키는 것이 필요하다. 하지만 교실에서 완전히 분리하기란 어렵고, 두 학생이 어떤 이유로든 가까웠기 때문에 괴롭힘이 일어나는 경우가 많아 완전한 분리가 쉽지는 않다. 앉는 자리를 멀리 떨어뜨리고, 줄을 설 때도 떨어져 서도록 하거나 새로운 놀이 그룹을 만들어 주는 등 물리적으로 분리하면 점차 서로에 대한 관심이 줄어들면서 상황이 개선되는 경우가 많다.

같이 놀 친구가 없어요

같이 놀 친구가 없다고 하는 학생을 자세히 살펴보면 자신이 놀이를 주도하고 싶지만, 친구들과 적절히 상호작용하고 놀이를 제안하는 능력이 또래에 비해 발달하지 않은 경우가 많다. 부모에게 "나는 친구가 없어. 아무도 안 놀아 줘"라고 하면서 학교에 가기 싫다고 한다. 이런 학생은 대부분 친구들과 어울리기 위해 어떻게 행동해야 하는지 모른다. 그래서 다른 친구의 관심을 끌고 놀이에 끼기 위해 친구들 근처를 맴돌면서 괜히 툭툭 치거나 놀이를 방해하는 방식으로 자신의 마음을 표현한다. 그러나 이런 친구와 같이 놀고 싶어 하는 친구는 없다. 관계가 더 나빠지기 전에 같이 놀고 싶어 하는 친구는 누구인지 물어보고 통합교과 시간이나 창의적 체험활동 시간 중 놀이 활동이 있을 때, 교사가 그룹을 만들어주고 놀이 방법도 간단하게 제시해주며 함께 어울리는 경험을 할 수 있게 한다.

친구들이 내 말을 잘 안 들어줘서 화가 나요

 친구들과 어울리지 못하는 또 다른 경우는 자신의 감정을 폭발적으로 표현하는 경우이다. 자신이 하는 과제가 뜻대로 잘되지 않을 때, 친구가 하는 사소한 말이 거슬릴 때, 친구와 의견이 다를 때 등 보통의 학생들이 무심하게 넘길 일에도 격렬하게 소리를 치거나 화를 낸다. 심한 경우 물리력을 행사하기도 한다.

 이런 행동을 하는 학생들은 부모가 지나치게 엄해서 어릴 때 부터 제지당하는 일이 많다보니 자기 자신과 처한 상황에 대한 불만이 쌓이고, 자신이 해결할 수 없다는 좌절이 누적되어 공격적인 언행을 하게 되는 경우가 많다. 또는 자신의 감정을 어떻게 표현해야 하는지 몰라서 다른 사람에게 적대적 언행을 하는 것으로 감정을 풀기도 한다. 기질적으로 경쟁에서 지는 것을 지나치게 싫어하는 학생이 학교에서 하는 모든 활동을 경쟁 활동으로 인식하고, 본인이 제일 잘했다는 이야기를 듣고 싶거나 또는 친구들 사이에서 자기 뜻을 관철하기 위해서 공격적인 언행을 하기도 한다.

 화는 인간의 기본적인 감정 중 하나로 스스로를 보호하도록 돕는다. 그러나 인간은 화를 저전한 빙식으로 표현하는 방법을 배워야 한다. 학기 초, 학교라는 낯선 공간과 낯선 친구들로 인한 스트레스를 격한 감정 표현으로 하는 경우도 있겠지만, 이러한 아이들의 대부분은 감정을 표현하는 방식이 이미 '화를 내는 것'으로 굳어져서 쉽게 바뀌지 않을 수 있다. 격렬한 감정 표현으로 다른 사람의 마음을 상하게 하는 학생이 있다면 그 즉시 시시비비를 가려 가르치기보다 먼저 학생에게 감정을 가라앉힐 시간을 잠시 준다. 대신 이 시간은 자기 자리에 혼자 있어야 한다. 시간이 지나면 화를 낸 학생 본인도 자신이 잘못한 것을 깨닫게 된다. 다만 교사에게 야단 맞을까 두려워서 핑계를 대거나 변명을 하기도 한다. 교사가 상황을 충분히 설명하고 학생이 본인 잘못을 인정하면, 앞으로 비슷한 일이 발생했을 때 어떻게 반응해야 하는지 알려주고 스스로 말을 해 보게 한다. 이 과정이 담임 교사에게는 끝없는 반복처럼 느껴질 수 있으나 분명 학생들은 조금씩 좋아진다. 교사와 연습했던 대로 자신의 감정을 표현하는 학생을 발견한다면 크게 칭찬해 준다. 그러면 학생의 감정 표현 방법은 갈수록 발전할 수 있다.

아무것도 하기 싫어요, 무기력

모든 활동에 무기력하고 자신 없어 하면서 "학교가 재미없어요"라며 등교를 거부하는 학생은 크게 두 가지 유형으로 생각해 볼 수 있다. 첫째는 무기력한 겉모습과 달리 내면에 잘하고 싶은 욕구와 경쟁심이 매우 강한 경우이다. 모든 것을 잘하고 이기고 싶은 마음이 크지만 자신이 없어 무기력으로 나타나는 경우이다. 둘째는 실제 학교생활의 문제가 아니라 학생의 심리적인 부분이나 가정에서 문제가 있는 경우이다. 특히 심각한 소아 우울증이나 무기력증인 경우가 있을 수 있다. 그런 경우라면 해당 전문가에게 도움을 받도록 부모에게 권유하는 것이 좋다.

전자의 경우 전문가의 도움이 필요한 수준은 아니지만 담임 교사로서 도움을 주기 위해 우선 학생의 상태를 잘 관찰해야 한다. 무기력한 학생의 경우 모둠활동, 단체로 하는 신체 활동 등에서 어려움을 겪는 경우가 많다. 학생이 '하기 싫어요', '모르겠어요'를 많이 말하는 순간이 언제인지 살펴본다. 반대로 별 어려움 없이 조금이라도 재미있어하는 활동은 무엇인지도 관찰해 본다. 대부분의 활동에 무기력해서 무엇을 더 어려워하는지 판단하기 어려울 수 있지만, 학생을 자세히 관찰하면 분명 조금은 자신감 있게 활동하거나 혹은 더 힘들어하는 활동을 발견할 수 있다. 관찰을 통해 학생의 특성을 확인하고 자신 없어 하는 부분에 도움을 주는 것이 필요하다.

예를 들어 학습 활동에 어려움을 겪는지, 사회적 기술이 부족한 것인지, 경쟁에서 지는 것이 두려운 것인지 등을 판단해 보고 적절한 도움을 줄 수 있다. 즉각적인 개선이 어려울 수 있겠지만, 학습 활동이 어려운 것이라면 관련된 능력을 발달시킬 수 있도록 가정에 협조를 구하고 학교에서 진행되는 기초학습 프로그램을 제공할 수 있다. 사회적 기술이 부족한 경우, 구체적인 상황에서 무슨 말을 하면 좋을지, 어떻게 행동하면 좋을지를 이야기 해 보게 하고 실제로 말과 행동을 연습하게 하면서 서서히 두려움을 해소시켜 주는 것이 좋다. 경쟁에서 지는 것이 두려워 활동을 꺼려 하는 학생이 있다면 순위와 승패보다 참여하는 태도를 칭찬하면서 교실 분위기를 승패에 집착하지 않도록 하는 방법이 있다.

무기력한 학생은 부정적인 표현을 많이 한다. 스스로 부족하다고 여기면서 자신 없는 태도로 활동을 하고 실패를 경험하다보니 쉽게 실망하고, 시도를 어려워하며, 부정적인 표현을 많이 사용한다. '저는 못하겠어요', '저는 원래 못해요', '하기 싫어요' 등을 자주 말한다. 이럴 때 교사가 잘하는 것보다 시도하는 것 자체가 대단한 용기를 필요로 하는 것이라고 인정하는 말을 해주는 것이 도움이 된다. 그리고 부정적인 표현 대신 긍정적 표현을 사용해 보기로 약속한다. '저는 못하겠어요' 보다는 '어려워 보이지만 해 볼게요', '처음하는 거라 걱정돼요' 등으로 표현을 바꾸어 소리내어 말하도록 해 본다. 소리내어 말하는 것은 큰 효과가 있어서 점차 생각과 태도가 바뀌게 된다.

학생의 등교 거부를 다루는 어른들의 마음가짐

등교 거부는 1학년에게 자주 일어나는 일이다. 이때 저경력 교사는 당황하여 '교사 자신의 잘못인가' 고민하는 경우가 많은데, 대다수 원인은 학교가 아닌 다른 것에 있거나 복합적인 경우가 많기 때문에 자책하지 않아야 한다. 1학년에게 학교 입학이란 정말 큰 사건이다. 어른으로 치면 직장이 바뀌는 것 이상의 일이라고 볼 수 있다. 오랜 시간 살아왔던 터전을 떠나 직장도 바뀌고, 아는 사람도 없는 타지에서 일하게 된 것과 비슷한 상황이다. 아직 어린 1학년 아이들이 이러한 상황에 불안감을 느끼고 새로운 장소를 불편해 하며, 마음이 편한 집에서 가족에게 의지하고 싶어 하는 것은 너무나도 당연한 일이다. 그래서 아이들의 불안을 이해하고 아이들이 적응할 수 있도록 기다려 줄 필요가 있다. 가벼운 수준의 등교 거부는 시간이 지나면서 서서히 좋아지는데 이때 교사와 보호자가 조급해하거나 특정 이유를 찾으려고 하면 오히려 상황이 악화될 수 있다.

실제로 등교 거부의 이유를 계속 찾으면서 하나하나 요인을 제거해도 등교 거부가 좋아지지 않는 경우가 있다. 전반적인 불안함이 이유일 가능성이 높기 때문이다. 이때 보호자나 교사가 "공부가 어려워?", "친구들이 괴롭혀?", "선생님이 무서워?" 등의 부정적인 질문을 계속 던지면 불안감은 증폭되고 상황에 대한 부정적인 인식이 더 강화될 수도 있다. 아이들의 불안감을 이해하고 공감하며 해당 아이가 잘하는 부분, 적응을 잘하고 있는 부분, 학교의 긍정적인 요소에 대하여 이야기를 나누는 것이 좀 더 효과적일 수 있다.

분리불안이나 무기력이 심한 학생은 wee 클래스나 wee 센터 등을 적극적으로 활용해야 한다. 이때 담임 교사가 가장 신경 써야 하는 부분은 보호자와의 지속적인 소통이다. 자녀가 분리불안이나 무기력증이 있으면 보호자가 매우 힘들기 때문에 원인을 학교와 교사, 반 친구들에게서 찾으려고 하기도 한다. 이러한 문제를 줄이기 위하여 아이의 교우관계, 특성, 활동 모습 전반을 사진으로 꾸준히 기록하고 학부모와 지속적으로 공유한다.

또한 학생의 등교 거부가 장기간 이어지는 경우가 있고, 좋아졌다가도 다시 등교를 거부하는 경우도 있다. 교사와 학부모 모두 인내심을 가지고 학생을 도와야 한다. 심각한 등교 거부의 경우 학교나 담임 교사만의 노력으로 해결하기 어렵고, 전문적인 도움을 필요로 하기도 한다. 담임 교사는 상황별 등교 거부 사유에 따라 가정에서 해야 할 일, 전문가의 도움을 받아야 할 일 등 각 해결 주체의 역할을 안내해야 할 것이다.

등교 거부의 원인에 여러 요인이 있을 수 있다는 것을 교사가 인지하되, '왜 학교에 오기 싫어 하는지'에 초점을 맞추기보다 학생이 '선생님은 나에게 관심이 있으며, 나를 염려하고 있다'는 인상을 받을 수 있도록 소통을 하는 것이 중요하다. 예를 들어 어느 날 일찍 등교해 있는 아이를 보며 눈을 찡긋하거나 슬쩍 엄지척을 해 주며 '힘들지만, 학교에 왔다'는 것을 인정해 주는 것이다. 학생의 불안과 힘듦을 이해하는 소통과 격려가 등교 거부 문제를 다루는 시작이다.

학생 성장을 돕기 위해 교사와 학부모 간에
대화를 나누는 과정이다.

제8장

학부모도 1학년,
학부모 소통

학부모도 1학년, 학부모 소통

부담스러워도 꼭 필요한 학부모 소통

담임 교사 업무 중 어려운 것을 뽑으라고 하면 다양한 대답이 나오지만, 그 중 빠지지 않고 상위에 드는 항목이 학부모와의 소통이다. 초임 교사든, 중견 교사든 학부모와의 소통은 부담스러울 수 있다. 담임 교사가 되면 학부모와의 소통을 피할 수 없다. 특히 초등학교 1학년 담임 교사는 가정과의 소통 없이 온전히 교실에서 학생들만 데리고 교육 활동을 하기가 어렵다.

아이를 유치원에 보내다가 학교에 입학시키면 학부모들은 '안내가 부족하다', '학교에서 무엇을 하는지 궁금하다'고 느낀다. 학교에 처음 자녀를 입학시킨 학부모는 학교 시스템에 익숙하지 않기 때문에 학교에서 관행적으로 이루어지는 일들에 대한 자세한 안내가 필요하다. 학교 시정에 따른 하교 시간 안내, 학교 교육과정에 따른 방학이나 현장 학습 등 주요 학교 행사와 학기별 교과서 사용 같은 기초적인 안내를 제공하면 학부모는 자녀의 학교생활을 잘 이해하고, 자녀의 학교생활에 도움을 주기도 수월해진다.

또한 1학년 시기에 꼭 달성하고 넘어가야 하는 학습 과업이 있는데, 이것은 학교뿐 아니라 가정의 적극적인 지도와 도움이 필요하다. 1학년 교육 과정에서 학생들이 익혀야 할 한글 수준과 수 세기, 연산 등 월별 또는 학기 단위로 도달해야 할 학습 수준을 자세히 안내하면 학교와 가정의 연계를 통해 학생의 성장을 도울 수 있다.

1학년을 처음 맡은 담임 교사는 어떨 때 학부모에게 연락해야 하는지, 어느 수준까지 소통해야 하는지 판단이 잘 안 설 때가 있다. 학부모가 담임 교사를 믿어야 교사가 자신 있게 교육을 할 수 있다. 학부모도 자기 자녀를 가르치는 교사를 신뢰해야 하지만 교사도 학부모를 내 편으로 만들기 위해 노력해야 한다. 이번 장에서는 구체적인 상황에 따라 학부모와 원활하게, 그리고 효과적으로 소통하며 학생들의 성장을 도울 수 있는 방법을 담아 보려고 한다.

일상적인 안내에요: 전체 안내하기

준비물 안내

준비물 안내는 크게 학년 초 기본 준비물 안내와 일상적인 준비물 안내, 그리고 현장학습 같은 행사에 필요한 준비물 안내 정도로 나눌 수 있겠다. 먼저 기본 준비물은 학년에서 함께 계획한다. 대체로 1학년 담임 교사가 모두 모여 작년 안내장을 보면서 필요 없는 것과 추가해야 할 것을 정리해서 안내장 형식으로 제공한다. 주로 학생들이 1년간 사물함에 넣어두고 사용할 개인 학용품과 위생용품 안내이다. 입학식 날 학부모가 교실에 왔을 때 교사와 함께 준비물 안내를 읽어보면서 설명을 하면 효과적이다. 예를 들어 '모든 물건에 이름을 붙여 오세요'라고 안내장에 적어 두어도 필통, 색연필통에만 이름을 붙여오는 경우가 많다. 담임 교사가 "색연필과 연필 한 자루, 한 자루 각각 모두 이름을 붙입니다"라고 말로 한번 더 안내하면 색연필이나 사인펜, 필통 속 연필 등에도 모두 이름표를 붙여온다.

이후의 일상적인 준비물이나 제출 서류 안내는 통상적으로 학생들이 가지고 다니는 알림장이나 핸드폰 앱 알림장을 활용한다. 1학년 학생의 경우, 1학년 1학기에는 스스로 알림장을 쓰기 어렵다보니 1학년 1학기 알림장은 담임 교사가 컴퓨터로 작성하고 출력하여 학생들의 알림장에 붙여주거나, 최근에는 핸드폰 앱 알림장으로 공지하는 경우가 대부분이다. 맞벌이 가정의 경우 부모가 퇴근 후 준비물을 확인하면 당일 준비가 어려울 수 있다는 것을 감안해 하루 전날, 가능하다면 최소 2~3일 전에 안내한다. 구입이 필요하거나 쉽게 준비가 어려운 준비물은 1주일 전에 안내하는 것이 좋다. 1주일 전에 안내했다면 해당 수업 2일 전에 한 번 더 안내해서 준비에 차질이 없게 한다.

현장 체험학습과 같은 행사 관련된 준비물을 안내할 때는 보통 가정통신문으로 안내하는데 알림장을 활용해 준비물을 자세히 설명하는 것이 좋다. 예를 들어 '운동화 착용', '모자 준비'부터 '간식의 경우 먹을 만큼만 통에 담아서', '음료수는 먹고 닫아둘 수 있는 형태로 바로 마실 수 있도록 준비해서'처럼 상세하게 안내한다. 현장학습 당일 먹다 남은 과자 봉지를 들고 '선생님 어떻게 해요?'라든지, '음료수 열어 주세요'와 같은 상황이 적잖게 연출되기 때문이다. 학부모가 알림장을 확인하지 못하거나 긴 안내문을 자세히 읽지 않는 경우도 종종 있기 때문에 현장학습처럼 등하교 시간이 달라지고 특별한 준비물이 있는 중요한 안내는 알림장으로 상세한 안내를 하고, 중요한 내용은 문자로 한 번 더 안내해 주면 좋다.

학교생활 안내

처음 학교에 아이를 보내는 학부모는 아이만큼이나 아니 어쩌면 그보다 더 긴장하고 있는 경우가 많다. 아이가 무엇을 하면서 학교에서 생활하는지에 대한 정보가 거의 없고 학교에 다녀온 아이가 무엇을 어떻게 했다고 이야기 해주지 않는 경우도 많기 때문이다. 이런 경우 상세한 학교생활 안내는 학부모에게 좋은 정보가 된다. 학교생활 안내라고 해서 어렵게 생각할 필요는 없다. 늘 사용하고 있는 알림장을 이용하면 된다.

학기 초에는 학생들이 준비해서 가져와야 하는 각종 서류와 개인 준비물이 많기 때문에 상세한 안내가 필요하다. 특히 3월 첫 주에는 하교 시간과 관련하여 안내하는 것이 필요하다. 학교 적응 기간에는 하교 시간이 당겨지므로 사전에 안내가 나갔더라도 알림장으로 다시 한번 안내하고, 적응 기간이 끝나는 시점과 이후 하교 시간을 미리 안내하여 가정에서 의 하교 방법과 학생의 오후 스케줄을 정할 수 있도록 한다.

제출 서류 안내나 준비물 안내 외에도 하루 간단한 일과, 급식 상황 등을 안내하면 좋다. 특히 급식과 관련한 학급의 규칙과 음식 알레르기와 관련하여 아이가 어떻게 처신 해야 할지 아이가 숙지하도록 안내하는 것이 필요하다.

학교에서 이루어진 안전 교육에 대해서도 안내하는 것이 좋다. 예를 들어 그날 교통안전과 관련한 안전 교육이 이루어졌다면 하교 전 아이들에게도 한번 숙지시키고 알림장에도 '교통안전 교육을 하였습니다'라고 간단한 문장으로 안내한다. 이 안내를 통해 학부모는 학교의 안전 교육 내용을 알 수 있고, 학부모가 이 내용을 자녀에게 확인한다면 학생에게는 안전교육을 한번 더 강조하는 효과가 생기며, 교사에게는 안전 교육 일지 역할을 대체할 수 있다.

알림장 외에 온라인 플랫폼을 활용하여 학교생활을 안내할 수도 있다. 평화롭고 안전한 학급을 위해 어떤 교육 활동을 하고 있는지, 학생들 간에 갈등이 생겼을 때 어떻게 중재하는지, 1학년 학생들의 학교 적응을 위해 어떤 활동을 하고 있는지, 이번 주 아이들이 학습한 내용은 무엇인지 등을 안내하면 학부모와 신뢰를 쌓을 수 있다. 교사가 열심히 교육 활동을 계획하고 자료를 찾고 아이디어를 내고 가르쳐도 학부모는 잘 모를 수

밖에 없다. 낯부끄럽다 생각하지 말고 학급 온라인 플랫폼을 학급 운영 소통의 수단으로 활용해 보자.

특별한 일이 있어요: 개별 연락이 필요할 때

개별요청 사항이 있을 때

준비물을 계속 준비해 오지 않거나 필요한 서류를 제출하지 않는 경우, 도서관 책 반납이 되지 않는 경우, 교외 체험학습이나 출석 관련 서류가 미비한 경우 등 시급을 요하지 않는 개별 연락은 문자 메시지를 이용하면 교사와 학생, 학부모 모두 편안하게 소통할 수 있다.

학생이 다쳤을 때

학생이 다쳤거나 아플 때는 먼저 학부모에게 전화 연락을 하는 것이 필요하다. 학생의 부상 정도가 응급 상황인 경우, 법정 전염병으로 학교에 있기 어렵다고 보건 교사가 판단한 경우에 그러하다. 그 외에는 교사가 학생의 다친 정도와 다친 부위를 판단해 연락을 하면 된다. 화상처럼 피부에 상처가 남을 수 있는 부상은 학부모에게 사고 발생 즉시 연락해야 한다. 얼굴처럼 눈에 띄는 부위에 상처가 났다면 학부모에게 연락하는 것이 좋다. 연락 전에 다치게 된 상황과 보건 교사에게 상처의 정도나 예후를 확인한 후 학부모에게 전화로 사실 관계를 안내한다. 특히 다친 부분과 관련해서는 보건 교사의 전문적인 소견임을 밝히고 안내하는 것이 도움이 된다. 이를 다친 경우는 특히 주의 깊게 살펴야 한다. 1학년의 경우 영구치와 젖니가 함께 있는데, 영구치를 다쳤다면 즉시 학부모에게 연락하여 치과에 내원할 수 있도록 안내해야 한다.

학생 간 갈등이 반복될 때

학생들 간에 갈등이 반복되는 경우, 각 학생들의 학부모에게 안내할 필요가 있다. 이때는 상황에 따라 전화나 대면 상담을 요청하는 것이 좋다. 학생 간의 다툼은 주로 놀이가 겹치는 친구 사이에서 일어난다. 반복적으로 다투는 학생들은 생활지도가 어려운데, 해당 학생들과 상담하면서 상황에 대해 정확히 파악하고 학생들이 생각하는 싸우지 않는 방법에 대해서도 이야기한 다음, 가정에서 지도가 필요한 부분을 안내한다. 미리 안내를 해 두면 나중에 큰 다툼으로 번지거나 그와 관련한 문제가 발생해도 비교적 이해하기가 쉽지만, 사전에 안내가 전혀 없는 상황에서 다툼이 발생하게 되면 학부모 입장에서는 당황할 수 있고, '지금까지 연락해 주지 않고 방치했다'고 오해하며 담임 교사를 원망할 수 있다.

수업 중 돌발 행동을 하는 학생이 있을 때

학부모에게 전화로 연락해야 하는 또 다른 경우는 학생이 학교생활 규칙을 지키지 않아 안전사고가 우려되는 경우이다. 흔하지는 않지만 공부 시간에 자리에서 일어나 교실을 돌아다니거나, 교실 밖으로 나가서 돌아다니는 행동을 하는 1학년 학생들이 있는데, 이는 안전과 관련된 부분이라 즉시 학부모에게 연락하고 방안을 함께 논의해야 한다.

많이 울거나 코피가 많이 났을 때

1학년의 경우 성별과 상관없이 우는 경우가 잦다. 단순히 눈물을 조금 흘린 정도가 아니라 꽤 오랜 시간 울었다면 학부모에게 간단한 전화 통화로 상황을 알려주는 것이 좋다. 이 역시 담임 교사의 판단에 따라 달라지겠지만, 비슷한 상황이 반복되는 경우는 학부모와 통화를 하여 학생의 어려움을 공유하는 것이 필요하다. 그리고 다친 것은 아니지만 학생이 코피를 많이 흘렸을 때도 보호자가 알아야 할 상황이라고 판단된다면 연락하도록 한다.

학생 개별로 관심을 표현할 때

하지만 꼭 요청 사항이나 문제가 있을 때만 개별 연락을 하는 것은 아니다. 학생의 학교생활, 교우 관계, 칭찬할 점을 간단히 적어서 문자 연락을 해도 좋다. 학생들이 입학하고 학생 파악이 어느 정도 끝난 100일 정도 지났을 때 하루에 한 명을 정해서 학부모에게 문자를 보내보자. '선생님, 고맙습니다'라는 답변을 받기 위해 문자를 보내는 것이 아니다. '나는 당신의 자녀를 긍정적으로 바라 보고 있다'는 것을 알리기 위함이다. 이렇게 문자를 보내려면 먼저 학생의 좋은 점을 찾으려고 주의 깊게 관찰해야 하는데 이것은 담임 교사에게 도움이 많이 된다. 아무리 말썽꾸러기여도 '저 학생한테 저런 좋은 점이 있었네?'라고 발견하는 순간 학생이 달라 보이고 따뜻한 눈으로 바라볼 수 있게 된다.

학교에서 학생들에게 어떤 일이 언제, 어떻게 벌어질지 알 수 없다. 학생이 친구에게 괴롭힘을 당하거나 친구랑 싸워서 다쳤을 때 담임 교사 탓을 하는 학부모들도 있는데, 평소 자녀를 긍정적으로 바라보고 소통하는 교사라는 것을 인식한 상태에서는 성급하게 교사를 탓하기 어렵다. 반대로 '학교에서 당신의 자녀가 누구를 괴롭혔다, 때렸다, 규칙을 안 지켰다'는 등의 내용으로만 문자를 보낸다면 처음에는 죄송한 마음을 가졌던 학부모도 나중에는 '내 아이가 담임한테 찍혔구나'라고 생각하게 될 것이고, 자녀의 문제를 괜히 담임 교사에게 투사하게 된다. 따라서 문자로 연락할 때는 가급적 문제점에 관해서는 이야기 하지 않는다. 학생의 문제에 대한 이야기는 면담으로 해야 한다.

학생 성장을 돕기 위한 대화: 학부모 상담

학부모도 사실 상담이 부담스럽다

학부모 상담은 담임 교사에게도 부담스러운 일이지만, 학부모에게도 어려운 일일 수 있다. 3월에 맘카페에 학부모 상담과 관련한 고민 글이 상당히 올라오는 것만 보아도 짐작해볼 수 있다. 담임이 되면 상담이 필요해 보이는 학생은 학부모가 상담 신청을 하지 않고, 상담이 필요 없이 잘 지내는 학생은 학부모가 상담을 신청한다는 것을 느낄 때가 많은데, 학부모 입장에서 이유를 짐작해 보면 이렇다. 상담이 필요해 보이는 학생은 이미 이전 기관에서도 학생 지도가 어렵다는 이야기를 많이 들었을 것이고, 학교에서도 비슷한 상황이 연출될 것에 대한 두려움이 있기 때문에 선뜻 상담 신청을 못 한 것이라고 이해해 볼 수 있다. 그러다 보니 학부모는 마음은 조마조마하지만, '특별한 연락이 없으니 잘 지내고 있나보다'라고 생각하고 싶은 마음일 것이다.

학생에게 여러 문제가 발생해도 담임이 혼자 해결하려고 애쓰고 애쓰다가 나중이 되어서야 학부모에게 연락을 하고 문제 상황을 공유하면 '연락이 없어서 잘 지내는 줄 알았다'는 반응을 보이기도 한다. 학생에게 문제 상황이 발생할 때 담임 혼자 해결하려고 고민하지 말고, 학부모와 상황을 공유하고 개선 방안을 함께 찾는 것이 필요하다. 자녀가 학교에 막 입학했을 때 자녀의 학교생활이 너무 궁금하지만 아이는 속 시원히 이야기하지 않는 경우가 많고, 선생님도 어렵게 느껴져서 상담 신청이 망설여진다. 이때 담임 교사가 먼저 전화 상담을 요청하면 많은 부모들이 매우 고마워한다.

학부모 상담 왜 하는가?

학부모 상담은 학생의 학업, 사회성, 정서 발달 등 다양한 측면에서 학생 성장을 돕기 위해 교사와 학부모가 대화를 나누는 과정이다. 상담을 통해 교사와 학부모가 학생에 대한 정보를 공유하고, 학생의 문제를 파악하며, 개선 방안을 모색할 수 있다.

학부모 상담은 교사와 학부모 모두에게 학생을 이해하는 기회가 된다. 특히 초등학교 1학년 학생은 환경적으로 큰 변화를 겪은 상태이다. 유치원이나 어린이집과는 많이 다른 학교생활로 인해 학생의 생활 모습이 크게 바뀌기도 한다. 학부모는 상담을 통해 학부모에게 자녀의 학교생활 모습에 대한 정보를 얻고 자녀의 상황을 이해 할 수 있다.

상담은 교사가 학부모에게 제공하기만 하는 것이 아니라 학부모로부터 정보를 많이 얻는 시간이기도 하다. 학부모와 상담하면서 가정 환경이나 부모의 양육 태도, 교육관에 대한 이야기를 들으면 학생을 이해하는 데 크게 도움이 된다. '왜 저렇게 행동하지?'라고 의문을 품었던 부분들이 학부모 상담을 통해 해소되는 경우가 많다. 학생 이해의 폭이 넓어지면 학생 문제 행동 교정이나 학생 발달에 도움을 주는 방법이 더 많아지고, 학생 지도가 한결 수월해지는 것을 느낄 수 있다.

학생이 가진 문제를 조기에 발견하고 해결 방안을 모색하는 데에도 상담은 크게 기여한다. 1학년 학생의 경우, 이전 기관에 다닐 때 사회성이나 학습에 어떤 문제가 발견되었다 하더라도 '아직 어리니까' 또는 '크면 괜찮아질 거야'라는 이유로 문제 상황을 직면하지 않고 방치하는 경우가 많다. 이럴 때 빠른 지원이 들어가면 학생 발달에 큰 도움이 된다. 가정과 협력하여 문제를 풀어나가는 것은 1학년 상담의 중요한 기능 중 하나이다. 학부모 상담으로 학부모는 자녀의 성장에 무엇이 필요한지 상의하며, 문제 행동을 개선하기 위해 가정에서 노력할 부분에 대한 조언을 얻을 수 있다.

학부모 상담이 긍정적으로 이루어지면 학부모와 담임 교사는 신뢰를 쌓고, 교사는 신뢰를 바탕으로 이후의 교육 활동을 원활히 해 나갈 수 있다.

1학년 학부모 상담을 위해 준비할 것들

학부모 상담은 당사자인 학생이 빠진, 담임 교사와 학부모 간의 대화이기 때문에 준비가 필요하다. 학생에 대해 충분히 알고 있으면 상담의 질이 높아지는 것은 당연하고, 상담에 임하는 교사의 마음도 한결 가볍다. 3월에 하는 학부모 상담이 어려운 이유는 학생에 대한 정보가 부족하기 때문인 경우가 많다. 그렇다면 학생 정보는 어떻게 준비하는 것이 좋을까?

평소에도 학생들을 늘 관찰하고 지도하지만, 특히 상담 전에 몇 가지를 눈여겨 봐두고 기록해 두면 상담 시 유용하게 사용할 수 있다. 사물함이나 책상 서랍의 정리 상태, 쉬는 시간이나 점심시간에 주로 함께하는 친구나 하는 놀이, 급식 시간에 보이는 특징적인 행동이나 식사량, 좋아하거나 좋아하지 않는 음식, 수업 시간 참여 정도, 발표 희망 횟수, 교과에 따른 학습 특징, 짝이나 모둠활동 시 태도 등을 기록해 두는 것이 좋다. 너무 많은 학생을 한번에 관찰하려 하기보다 상담 전 틈날 때마다 학생 1~2명 정도를 집중 관찰하여 기록해 두면 상담에 큰 자산이 된다.

덧붙여 기록과 관련하여 생각해 보아야 할 것이 있다. 위에서 제시한 상담을 위한 관찰 포인트 외에 담임 교사가 학생에 대해 기록하는 경우는 주로 문제 상황이 발생한 경우이다. 문제가 발생한 경우, 이후 대처를 위해 꼼꼼히 적어두는데, 자주 문제를 일으키는 학생이라면 꽤 많은 분량이 적혀있을 것이다. 학부모 상담 시에 이 기록을 모두 이야기하면, 학부모는 자녀의 문제행동에 집중하기보다 '담임 선생님이 우리 아이의 단점만 찾고 있다'고 생각할 수 있다. 학부모가 담임 교사에 대해 부정적인 인식을 갖게 되면 함께 문제 상황을 해결하려고 애쓰는 것이 아니라 아이를 대신해

변명하고 방어하는 데만 집중해 상담이 원활하지 못하다. 물론 문제 상황 발생 시마다 꼼꼼히 기록하는 것은 매우 좋은 습관이고 꼭 필요하다. 여기에 더해 아이의 장점이 발휘되는 순간도 함께 기록을 해두는 것을 권한다.

1학년의 경우 학급에서 문제 행동을 자주 보이는 어린이도 한가지씩은 반짝이는 모습을 갖고 있다. 특정 학습 주제에 흥미와 집중력을 보인다든지, 교우 관계에서 나름의 기술을 발휘한다든지, 간혹 이타적 행동을 하는데 그런 상황들을 기록해 둔다. 그 기록은 학생의 장점을 칭찬하며 상담을 시작할 수 있는 좋은 자원이 되고, 학부모가 '담임 선생님은 우리 아이 단점만 찾는 사람'이라는 오해에 빠지지 않게 할 수 있다.

학부모 상담 전에 상세한 상담 신청서를 받아두는 것도 상담 준비에 큰 도움이 된다. 상담 신청서에 인적 사항, 상담 희망 일시 외에 상담 목적을 기재하도록 하고 상담 시 다루고 싶은 내용으로 학습, 인성이나 성격, 교우관계, 자녀 지도에서 어려운 점, 아이의 장점 등의 항목을 둔다. 학부모가 작성한 것을 미리 읽어 두면 상담의 목적을 명확하게 하고 학부모와 함께 답을 찾는 데 도움이 된다.

학생 관찰 기록, 상세한 학부모 상담 신청서와 함께

상담 전 한번 더 읽어 두면 도움이 되는 것은 학기 초에 걷어두었던 기초 조사표이다. 학교마다 양식이 다를 수 있으나 학기 초에 대부분 학부모 연락처와 함께 학교에 함께 다니는 형제, 이전 기관에 다녔던 이력, 건강과 관련된 특이 사항, 담임 선생님께 하고 싶은 말 등이 적혀 있을 것이다. 기초 조사표만 읽어 두어도 간단한 가족관계, 자녀에 대한 부모의 바람, 특이 사항 등을 미리 알 수 있어서 효과적인 상담을 준비할 수 있다.

또한 학부모가 교실에 방문하여 상담하는 경우, 학부모들은 자녀의 자리나 사물함 상태 등을 보고 싶어 하므로 상담 중에 보실 수 있도록 안내하고, 자녀의 교과서나 학습 결과물 등을 미리 준비해 보여주면 좋다.

어떻게 할 것인가?

상담은 최근에 나타난 학생의 사소한 외모 변화나 칭찬할 점을 이야기하면서 편안하게 시작할 수 있다. 상담을 주도하는 것은 교사이지만 학부모가 주로 이야기하게 한다고 생각하는 것이 좋다. 학부모가 원하는 상담 목적, 때로는 교사가 원하는 상담 목적에 맞는 주제의 이야기를 하면 된다. 상담을 하다 보면 현재 상담의 목적과 무관한 이야기나 과거의 이야기, 학부모 본인의 하소연 등이 나오는 경우도 있는데, 이때는 주의를 환기해 '지금 우리가 이야기 하고자 하는 주제'를 다시 안내하는 것이 필요하다.

학부모가 교사에게 상담을 요청해 문제 상황에 대해 이야기 할 때는 많은 경우 자녀가 학교생활에서 어려움을 겪고 있다고 느낄 때이다. 이때는 학부모가 생각하는 문제 상황에 관해 충분히 듣고 학부모의 속상함에 충분히 공감을 표현한다. 그리고 해결 방안을 모색할 때는 교사가 먼저 명확하게 문제 상황을 정리한다. 그러고 나서 학부모와 함께 어떻게 할지 해결 방안을 모색한다. 문제 해결 방법은 학생과 학부모, 교사가 노력할 수 있는 것이어야 한다.

교우관계 문제는 해당 학생과 함께 상대 학생이 변화해야 하는 경우가 있는데, 이것이 단시간에 이루어지기 어렵다는 것을 이해하게 하는 것이 필요하다. 예를 들어 A라는 학생과 B라는 학생이 항상 같이 다니면서 노는데, A 학생이 B 학생을 더 좋아해서 항상 B가 있는 곳으로 따라 다닌다고 해보자. 교실에서 A 학생은 B 학생 때문에 불편하다는 이야기를 한 적이 없는데, A 학생의 학부모는 B 학생이 놀다가 A 학생을 때린다고 한다. 이런 일이 반복되어 상담을 하는 경우, 담임 교사는 'A 학생과 B 학생이 놀다가 B 학생이 A 학생을 때리는 일이 반복된다는 말씀이시군요'라고 문제 상황을 먼저 정리한 후, '이런 일이 반복돼서 너무 속상하시겠어요'라고 공감을 건넨다. 그 다음 문제 상황 개선을 위해 어떻게 하면 좋을지에 대해 이야기를 나눈다. 문제는 A학생 부모가 B 학생에게 타이르기도 하고 B 학생의 부모에게 연락도 하였으나 때리는 문제가 반복되니 B 학생이 문제 행동을 하지 못하게 해 달라고 담임 교사에게 요청하는 경우이다. 이때는 B 학생이 행동을 즉시 중단하는 것이 가장 좋은 해결책이지만 금세 바뀌지 않을 수 있다는 것을 A 학생의 학부모에게 이해시켜야 한다. 그러면 문제 해결을 위해 학생, 학부모, 교사가 할 수 있는 실천 방법들을 찾기가 한결 수월해진다.

학생이 학교에서 겪는 다양한 문제들은 즉각적인 해결 방법을 찾기 어려운 경우가 많다. 그럴 때는 학부모에게 의견을 물어보는 것도 한 방법이다. 'OO이 부모님은 어떻게 하기를 원하시나요?' 하고 질문하여 학부모의 의도나 요구를 파악하는 것도 하나의 방법이다. 학부모의 요구를 물었을 때 학부모가 명확하게 의사를 표현한다면 이 요구가 적절하고 수용 가능한지를 판단하여 지도의 방향을 정한다. 학부모 자신도 '모르겠다'

고 한다면 문제 상황에 명확한 답이 없다는 것을 학부모도 자각한 것이므로 그때부터 교사와 함께 방법을 생각해 볼 수 있다.

　반대로 교사가 학부모에게 상담을 요청하여 학부모와 상담하는 경우는 대부분 학생에게 어떤 문제가 있어 해결 방안을 모색하기 위함인데, 이때 필요한 것은 '평가하는 말' 보다는 '구체적인 상황 설명'이다. 예를 들어 'OO이가 공부 시간에 계속해서 이상한 소리를 내서 수업을 방해합니다' 라고 이야기 하는 것보다는 'OO이가 수업시간에 '웅, 딱딱딱딱' 등 무의미한 소리를 3~4회씩 연속해서 냅니다'로 전달할 필요가 있다. 이상한 소리를 내서 수업을 방해하는 것은 사실이지만, 학부모는 교사가 우리 아이를 나쁘게 평가한다고 생각하고 방어적인 태도를 취하게 되는 경우가 많기 때문이다. 그러면 해결책을 함께 논의하기 어렵고 이후 문제 상황이 발생했을 때 그것을 아이의 문제로 인식하지 않고, 상황을 문제 삼은 교사의 문제로 여기며 교사를 탓하게 된다. 원활한 상담을 위해 평가적인 표현을 지양하고, 구체적인 사실을 중립적으로 표현하면서 문제가 반복될 시 걱정되는 점을 이야기한다. 더불어 학생을 지도했을 때 조금이라도 개선이 되었던 부분을 이야기하면 긍정적인 상담을 이끌어 갈 수 있다.

학부모 상담을 마칠 때 학부모에게 추가로 안내해 두면 좋은 부분이 있다. 아이에게서 학교생활에 어려움을 겪는 부분이 보인다면 오래 고민하지 말고 담임 교사에게 연락하라고 이야기해 주는 것이다. 1학년 학생의 경우 친구와 다툼이 있었다든지, 학습에 어려움을 겪었다 해도 그때가 지나가면 상황은 뚜렷하게 기억하지 못하고 감정만 남아서 집에 가서 'OO이가 괴롭혔다' 또는 '공부가 어렵다' 등의 단편적인 정보만 전달한다. 학부모 입장에서 그런 이야기를 들으면 한두번은 넘기지만, 반복되면 '우리 아이가 괴롭힘을 당하는 건 아닌가?', '모든 교과에 어려움을 겪는 건가?' 등 정확한 상황을 알지 못한 채 확대 해석을 하게 된다. 그래서 어떤 문제 상황이 발생하면 담임 교사에게 빨리 연락하는 것이 일을 쉽게 해결하는 방법임을 안내하는 것이 좋다. 이렇게 안내한다고 해서 무분별하게 연락하는 학부모는 거의 없다. 대신 '언제든지 연락하라'는 이야기에 학부모들은 '우리 선생님은 우리 아이에게 문제가 발생하면 언제든 도와주실 수 있겠구나'하는 신뢰를 갖는다.

후속 조치

학부모 상담은 만남으로 끝나는 것이 아니다. 후속 조치가 필요하다. 학부모 상담에서 나누었던 학생의 문제나 어려움이 개선되고 있는지 교사가 관찰한 부분을 학부모에게 가끔 피드백 해 주는 것이 좋다. 피드백은 간단한 문자 메시지만으로도 충분하다. 또한 학부모 상담에 대한 내용을 학생과 공유해도 좋다. 학부모에게 상담 내용을 자녀와 이야기해보시라고 하거나, 학생에게 부모님과의 상담 내용을 간략하게 이야기해 주면, 학생은 선생님과 엄마가 어떤 대화를 했는지 궁금했던 마음과 불안감을 해소할 수 있다. 이전보다 나아진 부분에 대한 교사의 칭찬이 있다면 자부심을 가지고 문제 상황을 개선하려고 노력할 것이다.

곤란한 소통: 감정적인 상태의 학부모와의 소통

종종 학부모가 화가 난 상태에서 연락을 해오거나, 교사가 인지하지 못하고 있는 사실에 대해 책임을 추궁하거나, 또는 시간에 상관없이 계속 연락을 요구하는 일을 겪게 된다. 이런 일을 한번 겪고 나면 학부모와의 소통이 점점 더 어렵게 느껴질 것이다. 이런 문제들에 정답이 있는 것은 아니지만 교사 나름의 대처 방법을 숙지하고 있다면 상담에 대한 부담을 다소 덜 수 있다.

먼저, 학부모가 화가 난 상태로 연락했다면 무엇 때문에 화가 난 것인지 알아내는 것을 목표로 상담한다. 해당 상담에서 담임 교사가 해결 방법까지 찾아주겠다는 목표를 가질 필요는 없다. 격앙된 상태로 학부모가 전화를 했다면 일단 공감적 듣기를 한다. 먼저 '아, 이러이러한 상황이군요'라고 상황을 정리하고, '속상하셨겠어요. 화가 나셨겠어요' 등의 공감 표현을 한다. 그 후 '다음 날 학생과 이야기해 본 다음 연락을 드리겠다'고 하고, 다음 날 오후에 전화 상담 약속을 잡는 것이 좋다. 대부분의 경우, 시간이 지나면 학부모는 감정이 잦아들고 담임 교사는 생각을 정리할 시간이 생겨 해결을 위한 방법을 생각하고 준비할 수 있다.

마찬가지로 교사가 인지하지 못하는 사실에 대해 책임을 추궁하면서 캐묻는 경우에도 즉답을 할 필요는 없다. '그런 일이 있었군요. 확인해 보겠습니다' 등으로 정리하고, 사실 관계를 확인한 후 다시 상담 약속을 잡으면 된다.

그런데 학부모가 감정이 매우 흥분된 상태로 무례하게 나온다면 나쁜 말을 끝까지 듣고 있을 필요는 없다. 정중하게 "1시간 뒤에 통화할 수 있을까요? 이 사건과 관련해서 자세히 듣고 함께 해결책을 찾고 싶은데 지금은 어렵습니다"라고 이야기하고 전화를 끊는다. 이런 경우 학부모가 많이 흥분했다면 다시 전화를 할 수도 있지만, 교감 선생님께 상황을 말씀드리고 전화를 받지 않는 것도 방법이다. 학부모가 무례하게 나오면 교사도 어찌할 바를 모르고 당황하게 되는데, 이런 상황이 걱정된다면 대처할 멘트를 전화기 아래에 써 두었다가 상황 발생 시 해당 문구를 읽는 것도 방법이다.

마지막으로 수시로 계속 연락하며 필요 이상의 상담을 요구하는 학부모의 요청에 모두 응할 필요는 없다. 상담할 수 있는 시간을 간략히 안내하고, 이외의 시간에는 긴급한 사항이 아니라면 답변하지 않는다. 또는 갑자기 방문 상담이나 전화 상담을 요구한다면 상담의 목적을 물은 후, 긴급한 일이 아니라면 당일은 다른 일정으로 상담이 어렵다는 것을 안내하며 꼭 필요한 경우 다음 상담 일정을 잡는 방식으로 조절한다. 교사에게도 수업 시간 외에 수업 연구, 회의, 연수나 출장 등 하루에 정해진 일과가 있다는 것을 알려주어 학부모가 교사의 시간을 존중할 수 있게 할 필요가 있다.

'아이가 1학년이면, 부모도 1학년'이라는 말이 있다. 모든 것이 낯설고 불안하여 잔뜩 긴장하고 있는 것은 비단 1학년 아이뿐만은 아니다. 자녀를 처음 학교에 보내는 1학년 부모들 역시 서툴고 미숙한 부분이 많다. 좌충우돌, 우왕좌왕하며 이런저런 실수나 오해들이 생겨나기 쉽다. 따라서 세심하게 부모의 마음을 살펴서 부드러운 말과 태도로 교사가 냉혹한 평가자가 아닌 따뜻한 협력자임을 알려주는 것이 좋다. 무엇보다도 교사의 진심을 전하는 노력이 필요하다. 교사가 부모와 같은 눈높이로 아이를 바라보고 있다는 믿음을 주는 것이다. 교사가 제3자의 시선으로 멀찌감치 떨어져 아이를 평가하고 있다는 느낌이 들면 부모는 교사에게 마음을 열지 않는다. 내 아이에게 진심어린 관심으로 도움을 주기 위해 노력하고 있음을 느낄 수 있을 때, 학부모는 교사를 신뢰하고 허심탄회하게 다가온다. 학부모와의 소통은 바로 충분한 공감으로부터 시작된다. 1학년 담임 교사에게 학부모와의 소통은 학급 운영과 학생 이해를 위한 중요한 도구이다. 학부모와의 소통이 원활하면 학급 운영에 큰 도움이 되므로 학부모와의 소통에 조금 더 적극적인 자세로 다가가길 권한다.

에필로그 1

작은 관심과 노력도
큰 변화로 이어지는 매력

정신없는 3월을 보내고 1학기를 마무리할 때쯤, 한글 미해득 학생 학부모에게 몇 가지 당부를 하면서 여름방학을 맞이한다. 2학기 개학 날, 아이들은 대부분 까만 얼굴과 함께 키가 쑥 커서 온다. 2학기를 시작하면서 키순서 줄을 다시 세워주고, 3월과는 사뭇 다른 모습으로 열심히 2학기를 보낸다. 그러다 11월, 12월이 되면 '어? 이게 되네?'하는 시간이 온다. 드디어 우리 반 아가들이 초등학생이 된 것이다!

한 해 동안 열심히 애쓰고 노력한 어린이들이 학교생활에 익숙해지는 '진정한 1학년'이 되는 순간이 1학년 담임 교사에게도 찾아온다. 하지만 11월이나 12월쯤 겨우 '초등' 학생이 된 아이들은 곧 2학년이 될 테니 그 시간을 오래 누릴 수는 없다. 그럼에도 불구하고 학년 선택의 여지가 있다면 나는 또다시 1학년을 희망한다. 담임 교사로서 내가 할 수 있는 일이 많이 있기 때문이다.

  1학년 지도가 쉬운 것은 아니다. 하지만 내가 애쓰고 노력하는 만큼 학생들의 변화는 드라마틱하게 일어난다. 1학년은 고학년에 비해 학업이나 생활, 교우 관계 등에서 개선의 여지가 훨씬 많다. 6학년 학습 부진 학생은 이미 6년간의 학습 부진이 누적되어 있어 학생과 학부모는 무기력에 빠져있고 담임 혼자 애를 써도 개선이 쉽지 않았다. 교우 관계는 또 어떠한가? 이전 학년에서부터 있었던 오래된 사연과 문제가 학생뿐 아니라 학부모의 감정까지 섞여 해결의 실마리가 보이지 않는 것들이 너무 많다.

  반면 1학년 담임 교사는 이런 부분에서 할 수 있는 역할이 많다. 한글 해득이라는 1학년의 제1사명을 직접 도와줄 수 있다. 학교에서 해결이 어려운 경우는 빨리 발견하여 전문적 도움을 받게 해 줄 수도 있다. 또한 1학년 학생들은 교우관계 문제도 말 그대로 '교과서적'으로 가르쳐 주면, 배운 대로 하려고 애쓰고 오래 걸릴

지라도 바르게 행동하려 노력한다. 진심으로 사과하고 사이좋게 지내기 위해 노력하는 모습, 행동이 개선되는 횟수가 고학년에 비해 월등하다. 조그만 관심에도 크게 변화할 여지가 큰 학년 것이다.

  아침에 학교에 오기 힘들어 복도에서 '앙앙' 소리를 내서 울다가도 담임 교사가 나가서 '선생님이 OO이 기다렸는데 여기 있었네~' 하면서 손 내밀면, 울음을 그치고 선생님 손을 잡고 교실로 들어오는 아이, 장난치다가 혼나도 집에 갈 때는 "선생님 사랑해요" 하고 집에 가는 아이들. 어렵지만 한순간의 어려움보다 아이들로 인한 기쁨이 큰 것이 1학년 담임의 매력 아닐까 한다.

-교사 김소린-

에필로그 2

들썩이며 온몸으로 배우는
어린이들을 올려보내며

　12월이 되면 조금씩 마무리를 준비해야 한다. 제법 학생 같아진 아이들을 떠나보내려면 아쉽기도 하다. 먼저 아이들에게 마음의 준비를 시켜준다. 앞으로 남은 일정을 알려준다. 수업 활동에 이어 가볍게 안내하면 된다. 이제 1학년 공부가 거의 끝나가고 곧 겨울방학이 되며, 내년에 우리들은 2학년이 된다는 안내이다. 아이들은 친구들이 모두 같은 반으로 2학년이 되는 건지, 선생님은 계속 만날 수 있는지 궁금해하기도 하고 불안해하기도 한다. 2학년 때도 좋은 선생님과 친구들을 만나게 될 거라 알려주고 안심시켜 주면 좋다. 겨울

방학이 지나고 나면 모두들 많이 성장하기 때문에 조금 더 어려운 2학년 공부도 잘할 수 있을 거라고, 그러니 너무 걱정하지 말라고 이야기해 주는 것도 필요하다.

2학년이 되기 전 준비해야 할 공부도 안내한다. 1학년 때 배운 것으로 아이들은 '경험한 것 3문장 글쓰기, 받아올림, 받아내림이 있는 덧셈과 뺄셈' 정도는 할 수 있다. 학습이 부족한 아이가 있다면 학부모와 의논해서 방학 때 꾸준히 연습하도록 안내한다. 공부뿐만 아니라 몸의 균형과 성장이 필요하다면 줄넘기 연습을, 손가락 소근육 발달이 필요하다면 종이접기나 손뜨개 활동을 안내하여 겨울방학 동안 2학년을 맞이할 준비를 하도록 하면 좋다.

마치 식물이 태양을 향해 온 힘을 다해 뻗어가며 살아가듯이, 1학년 아이들은 교사를 따라 하고 사랑하고 칭찬을 갈망한다. 처음 공부를 시작하는 어린아이들의 마음을 헤아려 자세히 알려주고 천천히 반복해 주자. 교사의 설명에 아이들이 웃으며 몸을 들썩들썩하고 있다면 잘 배우고 있는 것이다. 열심히 듣고 배우려 노력하는 어린아이들을 칭찬해 주자. 그러면 아이들은 더 신나서 열심히 할 것이다. 옆에서 보는 아이들도 덩달아 열심히 할 것이다.

1년 동안 1학년 아이들을 연습시키고 가르치다 겨울 방학이 되면 교사는 스스로가 낙엽을 모두 떨군 나무처럼 느껴진다. 텅 빈 나무지만 따스한 햇살과 아름다운 모습들이 나무 곳곳에 스며들어 있다. 1년 동안 키운 아이들과의 시간을 마음속에 간직하고 새로운 한 해를 위한 에너지를 채우자. 교사에게 쉼과 채움은 매우 중요하다.

-교사 김현숙-

에필로그 3

뒤도 안 보고 떠나는 뒷모습에서 얻는 보람

1학년 담임 교사는 1년을 마치는 마지막 그날까지 정신이 없다. 올라갈 학년에서의 주의 사항을 수없이 반복해서 가르쳐 주고, 끊임없는 질문에 답하다 마치기 때문이다. 교실이 조용해지고 나면 지난 1년이 머릿속에 스쳐 지나간다.

학교라는 낯선 공간에서 서로를 처음 만났을 때 아이들은 섣불리 교사에게 다가오지 못한다. 아침마다 인사를 나누고, 손을 잡고 운동장을 거닐고, 매일 수업 시간에 눈을 마주치며 아이들과 시간을 쌓아 간다. 그렇게 2학기가 되면 멀리서도 '우리 담임 선생님!'을 소리치며 부를 만큼 가까워진다.

  1학년을 마치는 날, 교사를 꼭 안으며 "내년에도 우리 반 해주세요" 하며 애정 표현도 할 줄 알게 된다. '헤어짐의 슬픔을 알게 되었구나' 싶어 교사가 울컥하려던 찰나, 교실 밖에서 친구가 부르는 소리에 뒤도 안 보고 교실을 나간다. 3월에 울면서 선생님 화장실까지 쫓아오던 녀석이 겨울 방학식 날, 교사를 한 번 꼭 껴안아 주고 나서 뒤도 안 돌아보고 교실을 나가는 것이다. 그만큼 교사를 의지하지 않고도 학교생활을 할 수 있게 성장한 모습을 보여주는 순간, 그것이 1학년 교사에게 잠시 찾아오는 보람이다. 1학년 교실에서만 경험할 수 있는 아이들의 모습이다.

  1학년 아이들에게 교사는 엄마처럼 학교에서 가장 의지할 수 있는 사람이다. 학교라는 낯선 공간에서 처음 만난 선생님에게 아이들이 느끼는 감정은 처음 아기가 세상에 나와 엄마를 보며 느꼈던 감정과 비슷할 것이다. 낯선 공간에서 엄마가 아이에게 안정감과 편안함을 주듯 교사도 낯선 교실, 낯선 화장실, 낯선 친구들 사이에서 우리 반 아이를 보듬고 지켜주는 존재가 된다. 아이들이 처음 혼자 일어섰을 때, 혼자 숟가락으로 밥을 먹었을 때처럼 교실 속 아이들의 처음을 지켜보고 격려하고 다독여 주며 기다려 준다.

1학년은 학습이나 성취를 보여주는 학년이 아니다. 사회에서 사람과 살아가는 방법을 배우고 적응하는 중요한 시기이다. 잘 적응하면 아이에게 학교는 즐겁고 설레는 장소가 된다. 사회에 무사히 안착하는 법을 배우는 초등생활의 첫 단추를 끼우는 곳이 바로 1학년 교실이다.

1년이 지나고 1학년 아이들은 나를 기억하지 못할지도 모른다. 그래도 서운해하거나 섭섭해하지 말자. 아이들과 1년을 보내면서 1학년 어린이들만큼 교사도 성장한다. 다음 1학년을 만나면 이번보다 한 가지 더 잘하는 교사가 되어 있을 것이다.

-교사 박윤미-

에필로그 4

긴장으로 연결된
교육 공동체

　학교마다 사정은 다르지만 대체로 1학년은 경력이 많은 선생님들이 맡는다. 원해서든 원하지 않든 그런 때가 온다. 경력이 15년쯤 되었을 때, 나 또한 고학년만 맡다가 옮긴 학교에서 희망하지 않은 1학년에 내 이름이 적혀있는 것을 보고 만감이 교차했던 기억이 난다. 학교에서 1학년 꼬마들을 마주쳐도 내가 맡을 학생들이라고 생각해 본 적이 없었고 보결 수업에 들어가도 40분이 지나가기만을 바랐는데 1년을 1학년 꼬맹이들과 함께 살아야 한다니! 어떻게 가르치면 좋을지, 학급 운영은 어떻게 하면 좋을지 그림이 그려지지 않았다.

소문으로만 들었던 1학년 학부모에 대한 두려움도 컸다. 설렘과 호기심은 없고 걱정과 두려움만 가득한 신규 교사가 된 느낌이랄까.

하지만 나 혼자만 1학년 교사를 하는 게 아니다. 우리에게는 동료가 있다. 학년 부장님, 1학년 경력이 많으신 선배님들이 계시다. 주저 말고 걱정되는 부분, 해결이 어려운 부분은 자문을 구하면 된다. 인디스쿨, 1학년 교사 밴드 등 온라인을 통해서도 고민을 나눌 수도 있고 수업 활동 자료, 생활교육 노하우 등의 정보도 얻을 수 있다.

그리고 입학식 날 학생들과 학부모들을 만나면 그들도 나만큼이나 긴장하고 있음을 볼 수 있다. 좀 웃기지만 우리는 긴장으로 연결된 교육 공동체인 것이다. 그 연결된 감각이 나를 안심시켰고 자신 없던 내게 가르칠 자신감을 불어넣어 주었다. 역시 막연한 걱정은 부딪히면 별 게 아닌 것이 된다. 1학년 아이들도 나름대로 학교생활에 적응하기 위해 애를 쓰고 자기 삶에 최선을 다해 살아가는 존재들이다.

그러니 너무 걱정하지 마시기를.

-교사 배희진-

에필로그 5

작은 존재들의 개별성을 존중하며
서툰 발걸음을 응원하는 것

오래전 1학년 아이들을 처음 만났을 때가 생각난다. 지금 생각해 보면 많이 서툴렀던 교사였다. 초롱초롱한 눈빛과 동그란 입술로 재잘재잘 이야기하는 아이들이 참 사랑스러웠지만, 그 작은 아이들에게 어떻게 다가가야 할지 몰라 당황했고 많이 어설펐다. 어찌할 바를 몰라 고민해 가며 나름대로 이것저것 다양하게 시도해 본 것들이 많았다. 재미있는 동요와 율동으로 관심을 끄는 게 중요할 것 같아 틈틈이 손 유희와 율동 연습도 해보고, 아이들이 좋아할 만한 장난감이나 교구들을 잔뜩 구입하기도 했다.

시간이 흘러 입학 초기의 긴장과 설렘이 조금씩 가라앉고 조금씩 1학년 생활에 적응할 무렵이었다. 어느 날 1교시 수업을 마치며 무심결에 "여러분, 수업 끝났어요. 화장실 다녀오세요"라고 안내한 뒤 쉬는 시간을 틈타 잠시 학습 자료실에 다녀왔다. 2교시 시작 전, 교실로 돌아와 보니 아이들이 모두 가방을 챙겨서 집에 갈 준비를 하고 있었다. 깜짝 놀라 무슨 일인지 물었더니, 모두가 이구동성으로 "선생님이 수업 끝났다고 하셨잖아요. 그럼 집에 가야죠" 하는 거였다. 1교시 수업이 끝났다는 의미로 했던 말을 아이들은 그날 하루의 수업이 모두 끝난 것으로 받아들인 것이다. 아이들이 하루 일정과 수업 시간표를 당연히 알고 있을 거라 생각하고 구체적으로 안내해 주지 않아서 생긴 일이었다. 실수를 깨닫고 다시 차근차근 하루 일정을 안내하고 수업을 이어갔다. 1학년 아이들을 대하는 교사의 언어가 무척 중요하다는 것을 깨달은 날이었다.

1학년 아이들에게는 특정 낱말을 생략하거나 간결하게 말하면 오해를 불러일으킬 수 있다. 어른들이 사용하는 어려운 낱말이나 문장을 무심코 사용하는 것 또한 1학년 아이들에게는 혼란의 여지가 많다. 따라서 1학년 교실에서 교사는 학교생활을 처음 시작하는 1학년에게 쉽고 단순하게, 천천히 하나하나 설명하는 것이 좋다. 아이들이 생활 속에서 자주 들어왔을 법한 매우 구체적이고 직접적인 언어로 반복해서 천천히 말해주어야 한다. 아이들은 한 교실에 함께 모여있지만, 학교라는 큰 집단의 구성원이라기보다는 서로 다른 환경 속에서 자라난 개별적이고 독특한 개성을 가진 존재들이다. 그 개별성을 존중하면서 일대일의 관계로 친절하게 대해야 한다.

특히 1학년의 경우 아이마다 발달 단계와 속도에서 큰 차이를 보이는 경우가 많다. 입학 초기에는 확연한 차이를 보이기도 하지만, 점차 학령이 높아질수록 출생 시기에 따른 학습 능력이나 개인 역량의 차이는 급격히 줄어든다. 따라서 조금 느리거나 산만한 아이들에 대해 너무 걱정하거나 조급해하지 않아도 좋다. 아직 어린 1학년은 이제 걸음마를 뗀 아기와 같다. 억지로 끌어당기며 빨리 달리기를 재촉하지 말고, 아이들이 가진 무한한 잠재적 가능성을 믿고 기다려주는 여유가 필요하다. 서툴지만 스스로 한 발짝씩 앞으로 내딛는 발걸음을 지켜보며 기쁜 마음으로 응원하고 격려하는 것, 그것이 1학년 교사의 소임일 것이다.

-교사 이인숙-

에필로그 6

지금 이 모습 말고,
내년 1월의 모습을 상상하기

학교 사정상 신규 때부터 1학년 담임을 맡게 되었다. 하루 하루 정신 없는 날의 연속이었는데 기억나는 순간이 있다. 학년이 마무리 되던 1월의 어느 날, 평소와 똑같이 아이들 급식 먹는 것을 도와주고 교실로 향했다. 평소라면 교실에서 친구들과 놀고 있을 아이들이 급식실에서 교실로 가는 통로 중간 중간에 서서 교사의 팔을 붙잡고 이런 저런 말을 하기 시작했다. 사실 고학년이었다면 금방 눈치챘겠지만 1학년 아이들이었기 때문에 '오늘은 하고 싶은 이야기들이 많구나'라고 생각하면서 교실로 천천히 들어섰다. 교실에 들어서는 순간, 교실 앞문부터 뒷게시판으로 이어진 도미노와 옹기종기 모여 앉아 선생님 빨리 오라고 외치던 반 아이들. '무슨 일이지? 혹시 누가 다친 걸까?' 걱정하며 급하게 간 교실 뒤쪽에는 아이들이 만든 예쁜 글귀 하나가 있었다.

'선생님 사랑해요 감사해요'

그 글자 앞에 서니, 아이들이 큰 목소리로 다 같이 글자를 읽기 시작했다. "선생님, 사랑해요. 감사해요!"

1학년 선생님은 특별하다. 아이들이 학교라는 곳에 첫발을 디딜 때 안내자의 역할을 한다. 그렇기 때문에 때로는 부담스럽고, 더 힘들 때도 있다. 누군가의 첫 시작을 돕는다는 것은 분명 쉬운 일은 아니다. 같은 말을 몇십 번씩 반복할 때도 있고, 예상하지 못한 일 때문에 상처를 받거나 무기력함을 느끼기도 한다. 하지만 어려운 만큼 이렇게 보람 있는 일이다.

1학년 아이들은 아직 어리고 할 수 있는 일이 적다. 하지만 어린만큼 교사가 알려주는 것을 빠르게 흡수하고, 교사의 작은 노력에도 아낌없는 칭찬을 베풀어준다. 일 년이 마무리되고 2학년으로 올라갈 때가 되면 가방 문도 스스로 열지 못하던 아이들이 서랍과 사물함을 혼자 척척 정리하는 모습에 뿌듯한 마음이 들 것이다. 1학년 담임 교사로서 힘이 들고 지칠 때는 여유로운 마음을 가지고 내년 1월의 아이들을 상상했으면 좋겠다.

-교사 최상희-

우리는 1학년 선생님

서툴지만 진지한 학습자의 특별한 안내자

초판 2쇄 2025년 7월 7일

지은이	김소린 김현숙 박윤미 배희진 이인숙 최상희
발행인	박창용
편집	김소영
마케팅	김은숙
디자인	서승연
펴낸곳	사)초등교사 커뮤니티 인디스쿨
출판등록	2023년 2월 16일 (제2023-000050호)
주소	서울시 마포구 양화로12길 8-5 세르보빌딩 2층
홈페이지	www.indischool.com
이메일	email@indischool.com
ISBN	979-11-91639-43-8(13370)

*이 책은 저작권법에 의해 보호를 받는 저작물이므로 저자와 출판사의 허락 없이 내용의 일부를 재사용하는 것을 금합니다.

*잘못 만들어진 책은 교환해드리며, 책값은 뒤표지에 있습니다.